重塑百业万企

中国5G+工业互联网典型应用
（2021）

主编◎王保平

副主编◎邵素宏 武聪 赵媛

人民邮电出版社

北京

图书在版编目（CIP）数据

重塑百业万企：中国5G+工业互联网典型应用：2021 / 王保平主编. -- 北京：人民邮电出版社，2022.3
 ISBN 978-7-115-58457-1

Ⅰ.①重… Ⅱ.①王… Ⅲ.①互联网络－应用－工业发展－研究－中国 Ⅳ.①F424-39

中国版本图书馆CIP数据核字(2021)第274282号

内 容 提 要

5G在千行百业的应用从创新试点步入快速发展期。本书关注5G与工业互联网融合发展的进程，聚焦技术发展前沿与应用孵化落地，从智慧工厂、智慧航空、智慧冶金、智慧煤矿、智慧港口、智慧民生等领域遴选了一批"5G+工业互联网"典型应用、示范项目，配以丰富的图片、视频资料，以生动的案例、翔实的数据，从新型基础设施建设、融合应用成效、技术创新能力、产业发展生态等方面展示了"5G+工业互联网"的发展成果，突出体现了高科技赋能实体经济的创新效能。本书还汇总了一批有关"5G+工业互联网"的政策、文件，以及相关专家的观点。

本书可为政府相关管理者和大型制造企业、互联网企业、电信运营企业的管理者以及相关研究者提供有益的参考，为推动工业化和信息化在更广范围、更深程度、更高水平上融合发展提供助力。

◆ 主　编　王保平
　副 主 编　邵素宏　武　聪　赵　媛
　责任编辑　韦　毅
　责任印制　李　东　焦志炜

◆ 人民邮电出版社出版发行　北京市丰台区成寿寺路11号
　邮编　100164　电子邮件　315@ptpress.com.cn
　网址　https://www.ptpress.com.cn
　雅迪云印（天津）科技有限公司印刷

◆ 开本：700×1000　1/16
　印张：18　　　　　　　　　2022年3月第1版
　字数：198千字　　　　　　2022年3月天津第1次印刷

定价：79.80元

读者服务热线：(010)81055552　印装质量热线：(010)81055316
反盗版热线：(010)81055315
广告经营许可证：京东市监广登字20170147号

序 PREFACE

2021年10月18日，习近平总书记在主持中共中央政治局第三十四次集体学习时强调，要站在统筹中华民族伟大复兴战略全局和世界百年未有之大变局的高度，统筹国内国际两个大局、发展安全两件大事，充分发挥海量数据和丰富应用场景优势，促进数字技术与实体经济深度融合，赋能传统产业转型升级，催生新产业新业态新模式，不断做强做优做大我国数字经济。

"5G+工业互联网"是数字技术与实体经济深度融合的典型范例，是传统产业转型升级的重要抓手，是驱动经济高质量发展的强劲引擎。习近平总书记在2020年给首届中国5G+工业互联网大会的贺信中就曾指出，5G与工业互联网的融合将加速数字中国、智慧社会建设，加速中国新型工业化进程，为中国经济发展注入新动能，为疫情阴霾笼罩下的世界经济创造新的发展机遇。这充分肯定了"5G+工业互联网"的重要意义和作用，为"5G+工业互联网"的发展提供了根本遵循和行动指南。

经过近两年的不懈努力，我国"5G+工业互联网"正步入快速发展阶段。目前，中国已建成全球规模最大的5G网络，截至2021年10月，累计建成5G基站129.1万个，全球占比超过70%；5G终端连接数超过4.7亿，全球占比超过80%；5G应用创新案例超过1万个，数量和创新性均处于全球第一梯队。同时，

重塑百业万企
中国5G+工业互联网典型应用（2021）

5G还与人工智能、大数据、云计算等信息通信技术聚合创新，催生融合创新应用，赋能产业转型发展。"5G+工业互联网"512工程全国在建项目超过1800个，覆盖40个国民经济大类；跨行业、跨领域的工业互联网平台达到15个，具有一定区域和行业影响力的平台超过100个，接入设备超过7600万台套；工业互联网标识解析体系国家顶级节点日均解析量突破4000万次，二级节点达到156个，覆盖25个省（自治区、直辖市）。"5G+工业互联网"典型应用案例日趋丰富，应用水平不断提升，从生产现场监测、厂区智能物流等生产外围环节逐步延伸至研发设计、生产制造、质量检测、故障运维、物流运输、安全管理等核心环节；应用范围从部分环节的散点式应用向全业务流程发展，并赋能大国重器：

- 在装配、强度试验、试飞等飞机制造的多个关键环节，5G为国产大飞机冲上云霄助力；

- 在白鹤滩首台百万千瓦水电机组的制造交付过程中，5G+电气装备制造智慧工厂为东方电气打通了设备制造全流程，助力生产提质增效；

- 在三一重工北京桩机工厂里，人机协同、自动化、人工智能和工业互联网技术融合应用，将劳动生产率提高了85%、生产周期缩短了77%；

- 在地铁隧道盾构施工中，5G助力中铁装备实现远程诊断、掘进数据无线传输、盾构机振动数据无线传输，实时掌控

序

隧道盾构作业状况，提高了施工管理水平与效率；
- 在装备制造龙头中国一重轰鸣的车间内，通过5G与现场精益生产管理技术的融合创新，实现了生产车间的设备联网、数据采集、能耗检测和车间透明化管理；

……………

大国重器背后闪耀的5G之光展示了这样一个信号：以5G、工业互联网等为代表的新一轮工业革命核心技术正迎来发展的关键期，中国制造业若能抓住这一千载难逢的历史机遇，集中优势力量打一场战略决战，就可以实现战略性的重点突破、重点跨越。

但是，我国工业门类众多，企业所处阶段不同，工厂的数字化基础参差不齐，对"5G+工业互联网"的需求具有差异性大、个性化突出的特点。而且原有的工控设备标准碎片化、协议不兼容，抬高了"5G+工业互联网"进入的门槛，目前我国"5G+工业互联网"的发展还处于攻坚期。为了实现利用"5G+工业互联网"对工业领域进行全方位、全流程、全链条的改造，提高全要素生产力，发挥数字技术对经济发展的放大、叠加、倍增作用，我们还有很长的路要走。推进"5G+工业互联网"在更广范围、更深程度、更高水平上融合发展，首先需要继续打造以5G为基础的高速泛在、天地一体、云网融合、智能敏捷、绿色低碳、安全可控的新型数字信息基础设施。我们要充分认识到企业网有很多与公众网不同的特点，需要针对工业互联网创新5G网络架构，提升大上行带宽、全链路低时延和高可靠性的能力。其次，为了将数字化、网络化、智能化技术与制造技术深度融合，需要从标准起步，在底层发力，开发基于5G并结合新一代信息技术的新型工控网关，加快相应的5G工业终端、芯片、模组的产品研发和产业化进程。此外，还需要瞄准制造业主攻方向，打造一批示范标杆，推动"5G+工业互联网"试点应用形成可复制、可推广的成熟模式，开创工业互联网发展新格局。

《重塑百业万企：中国5G+工业互联网典型应用（2021）》中的优秀案例，为进一步推进"5G+工业互联网"更深程度、更高水平发展提供了范例。这些"5G+工业互联网"的典型融合应用，在龙头企业、重点工程中的创新实践，成为更多行业数字化转型的指路"航标"，引领中国"5G+工业互联网"尽快实现规模化发展，助推实体经济向数字化、网络化、智能化转型升级。

是为序。

中国工程院院士

前言
FOREWORD

2021年10月18日，习近平总书记在主持中共中央政治局第三十四次集体学习时强调，要不断做强做优做大我国数字经济。当前，互联网、大数据、云计算、人工智能、区块链等技术加速创新，日益融入经济社会发展各领域、全过程，数字经济迅猛发展，正成为重组全球要素资源、重塑全球经济结构、改变全球竞争格局的关键力量。

"5G+工业互联网"是发挥制造大国和网络大国叠加优势，做好信息化和工业化融合"大文章"，推动制造业数字化、网络化、智能化发展，促进数字经济做强做优做大的重要抓手。

截至2021年10月，我国累计建成5G基站129.1万个，培育较大型工业互联网平台超过150家，"5G+工业互联网"在10个重点行业形成了20个典型应用场景。

互联网、大数据、人工智能同制造业深度融合，互联网新技术对制造业进行了全方位、全角度、全链条的改造，提高了全要素生产率，"5G+工业互联网"促使制造业的产业模式和企业形态发生了根本性转变。目前，随着5G、工业互联网等新技术与制造业的加速融合，制造业重点领域的关键工序数控化率、数字化研发设计工具普及率在2020年分别达到52.1%、73.0%，分别比2012年提高了27.5%、24.2%，协同研发设计、无人智能巡检、数字工厂、智慧矿山等新场景、新模式、新业态蓬勃兴起。

经过近几年的创新探索，我国"5G+工业互联网"已融入20余个国民经济重要行业，初步形成了百花齐放、千帆并进的良好局面，"5G+工业互联网"更多、更好的新成果也在不断涌现：

- 世界级的"灯塔工厂"运用"5G+工业互联网"大胆探索颠覆式技术路径；
- 大国重器凭借"5G+工业互联网"不断挑战制造极限；
- 亟待升级的传统产业利用"5G+工业互联网"创造性地破解转型难题；
- 在民生领域中，基于"5G+工业互联网"切中需求，让百姓得享数字红利；
- ……

为了助力"5G+工业互联网"应用的快速复制推广，工业和信息化部新闻宣传中心（人民邮电报社）联合人民邮电出版社，在2020年创作出版的《赋能千行百业：中国5G+工业互联网典型应用（2020）》的基础上，继续重磅推出《重塑百业万企：中国5G+工业互联网典型应用（2021）》。《赋能千行百业：中国5G+工业互联网典型应用（2020）》汇聚了几十位资深行业记者深入技术前沿、应用一线的采访报道，立体展现了"5G+工业互联网"领域的一系列典型案例、先锋应用，既具有专业性、前沿性、权威性，又通俗易懂、深入浅出，一经推出就大受好评，成为"5G+工业互联网"领域的经典读本。应广大读者的需要和行业专家的建议，

前言

《重塑百业万企：中国5G+工业互联网典型应用（2021）》在继续发扬《赋能千行百业：中国5G+工业互联网典型应用（2020）》优势的基础上，进一步在典型应用的深入剖析、通俗解读、三维展示等方面创新，力求向读者立体化呈现最具前瞻性、创新性的实践案例。

《重塑百业万企：中国5G+工业互联网典型应用（2021）》一书汇集了智慧工厂、智慧航空、智慧冶金、智慧煤矿、智慧港口、智慧民生等领域"5G+工业互联网"应用的典型场景，以文、图、视频的多维方式，全景呈现了具有典型推广价值的"5G+工业互联网"应用。同时，这本书还汇总了"5G+工业互联网"领域的关键政策文件，跟踪了覆盖全国的新基建进程，描绘了持续丰富的产业数字化场景，梳理了逐渐清晰的"5G+工业互联网"发展路径，集纳了不断丰富的典型示范标杆应用。

《重塑百业万企：中国5G+工业互联网典型应用（2021）》尝试对"如何使5G+工业互联网这道加法题释放更大的乘数效应"的命题给出解题思路，助力"5G+工业互联网"融合应用加速迈进规模复制的纵深发展阶段，为更多行业企业加快数字化转型步伐、实现高质量发展提供有益的借鉴与参考。

目 录
CONTENTS

第一章　"5G+工业互联网"步入快速发展期 / 1

　　1.1　全球规模最大的 5G 网络继续"中国速度" / 3
　　1.2　走向"无人区" / 6
　　1.3　创新发展的痛点难点亟待突破 / 12

第二章　5G+智慧工厂 / 19

　　2.1　三一重工：5G 全连接，灯塔工厂驱动"大象快跑" / 21
　　2.2　中铁装备：5G 助隧道盾构迈入"智慧掘进"时代 / 27
　　2.3　徐工：构建 5G 全价值链智能工厂 / 33
　　2.4　中国一重：5G 助力打造高端制造标杆 / 38
　　2.5　东方电气：5G 赋能国之重器 / 44
　　2.6　格力：家电制造升级，5G 智慧工厂给出"参考答案" / 50
　　2.7　联塑集团：从"制造冠军"到"智造冠军" / 55
　　2.8　杭锅集团：传统锅炉"智造"创新故事 / 60
　　2.9　迎丰科技：传统行业升级，看 5G 如何"拨千斤" / 65
　　2.10　柒牌：树立服装企业 5G"智造"典范 / 71
　　2.11　大和热磁：5G 跨域智慧园区填补空白 / 77
　　2.12　红豆集团：5G 柔性"智"衣为新零售添活力 / 82

第三章　5G+智慧航空 / 87

3.1　中国飞机强度所：5G 助力大飞机超越"极限挑战" / 89
3.2　中国飞行试验研究院：5G 为航空试飞实现"空中加油" / 94

第四章　5G+智慧冶金 / 101

4.1　南平铝业：有色行业 5G 智慧工厂"排头兵" / 103
4.2　云南神火：5G 助电解铝行业"蝶变" / 108
4.3　武钢：5G 为钢铁绿色发展注入"新动能" / 114

第五章　5G+智慧煤矿 / 119

5.1　榆北煤业：5G 成为新时代"智慧矿工" / 121
5.2　台头煤矿：5G 为煤炭综采转型带来新愿景 / 126

第六章　5G+智慧港口 / 131

6.1　天津港："万能之钥"解锁世界港口难题 / 133
6.2　妈湾港：5G"入海港"实现从创新试点到产能放量的跃升 / 139
6.3　南京港：5G+MEC+AI 助力港口安全生产 / 144

目录

第七章　5G+智慧民生 / 149

7.1　咪咕公司：打造 5G+主流文化传播新引擎 / 151

7.2　无锡市卫健委："5G 急救大脑"为胸痛患者打造快速救治平台 / 157

7.3　瑞金医院：以仁治医，用数赋智 / 163

7.4　红旗渠：5G 智慧景区助力红色教育 / 168

专家视点 / 173

附录　政策汇编 / 231

工业互联网创新发展行动计划（2021—2023 年）/ 232

5G 应用"扬帆"行动计划（2021—2023 年）/ 256

工信部发布 20 个"5G＋工业互联网"典型应用场景、10 个重点行业实践 / 274

第一章

"5G+工业互联网"步入快速发展期

在 工业和信息化部（简称工信部）的统筹部署和指导下，经过产业链各方的共同努力，我国"5G+工业互联网"发展成效显著，成为促进经济社会数字化、网络化、智能化转型的重要引擎。

目前，我国已经建成全球规模最大的5G网络，工业互联网标识解析体系逐步完善，"5G+工业互联网"应用在多个行业落地，5G应用创新案例的数量和创新性均处于全球第一梯队，"5G+工业互联网"智能终端百花齐放，但同时也面临跨行业协议标准不统一、关键技术突破难、芯片模组发展慢等亟待解决的难题。

千帆竞发、百舸争流！步入快速成长期的中国"5G+工业互联网"，正深入实施创新发展战略，推动工业化和信息化在更广范围、更深程度、更高水平上融合发展，未来可期。

1.1 全球规模最大的5G网络继续"中国速度"

基础设施先行，夯实发展之基。

作为新基建的"领头羊"，5G的建设发展进程一直备受关注。截至2021年10月，我国已累计开通5G基站数超100万，达129.1万，其中共建共享5G基站超50万个，覆盖全国所有地级以上城市，中国5G基站数占全球基站数的70%以上。

我们以世界瞩目的速度建成了全球规模最大的5G网络。5G网络建设正一次次地刷新"中国速度"。

2020年新冠肺炎疫情暴发，在火神山医院、雷神山医院等日夜通明的建设现场，通信建设者勇敢"逆行"、连续奋战，全力实现了5G网络覆盖和医疗信息化网络保障。电信运营企业还在疫情防控指挥部、定点医院、方舱医院、数百家隔离点等有需要的重要场所新建了5G基站，为火神山医院、雷神山医院开通了5G高清直播，让全国人民对医院建设进度进行"云监工"。

5G网络建设率先在城市开展，选址难、成本高、电费高都是现实存在的问题，尤其是在疫情防控严峻的形势下，封控管控措施严格，人力及资源调动更加困难。

2020年3月24日印发的《工业和信息化部关于推动5G加快发展的通知》提出，要加快5G网络建设进度，加大基站站址资源支持。各地纷纷将移动通信基础设施"入规""入法"，给予其等同于水电气暖的公用基础设施地位。

工信部持续推进5G高质量精品网络建设，坚持"适度超前"的原则，完善热点区域的网络深度覆盖，提高乡镇5G网络覆盖比例，优化5G网络质量。与此同时，各地政府积极为5G的建设发展创造有利条件，从加强5G基站站址统筹协调、加大5G基站建设资金支持、降低5G网络用电成本、推进公共资源开放共享和建立联合工作机制等方面支持5G网络建设。所有省级政府均出台了支持5G发展的相关政策。

在强有力政策支持的保驾护航下，承担建设任务的基础电信企业开足马力。面对多重困难叠加的不利局面，产业链各方想方设法解决难题，在复工复产后更是加快建设进度，把因疫情耽误的时间"抢回来"。2020年6月，5G发牌一周年之际，我国5G基站数量以每周新建1万多个的速度快速增长。

中国移动持续建设精品5G网络，提升5G网络供给能力，积极打造以5G为中心的数字化、智能化融合基础设施，锻造了2.6 GHz、4.9 GHz、700 MHz多频立体网络，已建成全球规模最大的5G SA[①]网络。仅2021年上半年，中国移动与5G相关的投资就达到502亿元。

中国电信加快5G网络建设，目标是打造一张广覆盖、高速率、低成本、优体验、安全的5G精品网络。中国电信联合中国联通，建成了全球规模最大的5G SA共建共享商用网络。中国联通的5G网络覆盖我国所有地级以上城市、发达县城，实现了覆盖翻倍、带宽翻倍、速率翻倍。

中国铁塔贯彻以"共享"为核心的新发展理念，不仅最大限度地共享存量铁塔资源，还充分利用路灯杆、监控杆等社会资源，变"社会塔"为通信塔，实现了通信基础网络经济、高效的部署。中国铁塔承建的5G基

---

① SA即Stand Alone，独立组网。

站，97%以上都是通过共享存量资源实现的。同时，中国铁塔还持续创新建设模式，采用"宏微结合"和"室内外协同"的综合解决方案，实现了低成本、高质量的 5G 网络建设。

值得一提的是，我国建成了全球最大的共建共享 5G 网络，这是我国 5G 网络建设最具特色的创新模式。

中国移动有序推动与中国广电的 700 MHz 5G 网络共建共享，双方发挥各自在 5G 技术、频率资源、内容等方面的优势，集约高效地实现了 5G 网络覆盖。特别是 700 MHz 频段资源将让农村、水域、山区等的 5G 覆盖变得更加高效，大大减少了建设投资，还能确保 5G 服务的连续性和完整性，更好地服务乡村振兴等国家战略。

中国电信与中国联通 5G 网络共建共享实施仅一年，双方累计建设开通超 30 万个 5G 基站，5G 网络覆盖扩大至全国所有地级以上城市。初步估算，5G 共建共享可节省建设投资超 600 亿元，基本实现用最短的时间、花最少的钱，快速形成 5G 网络覆盖能力的目标。

从全球范围来看，我国的 5G 建设和发展已走在前列，在技术、标准、产业、应用等领域均取得显著成效。截至 2021 年 10 月，我国 5G 应用创新案例超过 1 万个；累计建成 5G 基站 129.1 万个，5G 终端连接数超过 4.7 亿，全球占比分别超过 70%、80%，均居全球首位；5G 标准必要专利声明数量全球占比超过 38%，居全球首位。

网络建设一马当先、产业发展优势凸显，这些都表明我国 5G 已经形成系统领先优势，正大力推动融合应用的创新发展，在赋能千行百业的过程中体现出更大的价值。

1.2 走向"无人区"

2D/3D视觉传感技术、AI[①]算法以及高速的5G网络给工厂安上了一双"慧眼",实现了智能工业机器人在大型装备自适应焊接、高精度装配等领域的深入应用,并解决了"16吨动力头无人化装配""厚40毫米、宽60毫米钻杆方头多层单道连续焊接"等多个世界制造难题。

在精准授时、低时延的5G无线工业专网的保障下,行业首创重载AGV[②]"双车梦幻联动",实现27米超长超重物料的同步搬运和自动上下料,堪称聪明的物料搬运"飞毛腿"。

....

在三一重工北京桩机工厂这一"灯塔工厂",随处可见5G与工业互联网赋能的数字化转型的生产场景。

经过"5G+工业互联网"的升级改造后,三一重工北京桩机工厂共有8个柔性工作中心、16条智能化产线和375台全联网生产设备。目前,在这家工厂里,小到一块钢板的分拣,大到十多吨桅杆的装配,已可全部由机器人自动完成。

"灯塔工厂"是由达沃斯世界经济论坛和麦肯锡咨询公司共同遴选的"数字化制造"和"全球化4.0"示范者,代表当今全球制造业领域智能制造和数字化的最高水平。

---

① AI即Artifical Intelligence,人工智能。
② AGV即Automated Guided Vehicle,自动导引车。

第一章 "5G+工业互联网"步入快速发展期

截至 2021 年 9 月 27 日,全球"灯塔工厂"共计 90 家。其中,中国以 31 家的入选工厂数量成为拥有"灯塔工厂"最多的国家。这些工厂分布于 3C 电子[③]、家电、汽车、钢铁、新能源等多个领域,为中国"5G+工业互联网"的规模化发展点亮了航标。

随着全球最大的 5G 网络的铺开,我国"5G+工业互联网"在技术、产业、应用等方面的发展均迈入了"无人区",在没有先例可循、没有经验可鉴、没有标准可依的情况下,走出了自己的探索之路。

当前,"5G+工业互联网"已成为我国工业互联网创新发展最活跃的领域。党中央、国务院高度重视 5G 和工业互联网的发展。工信部认真贯彻落实党中央、国务院的决策部署,陆续出台了《"5G+工业互联网"512 工程推进方案》《工业和信息化部办公厅关于推动工业互联网加快发展的通知》《工业和信息化部关于推动 5G 加快发展的通知》等文件,深入推进"5G+工业互联网"的融合应用,引导产业界提升网络关键技术产业能力、创新应用能力、资源供给能力。2021 年,工信部又相继印发了《工业互联网创新发展行动计划(2021—2023 年)》《5G 应用"扬帆"行动计划(2021—2023 年)》,提出深化"5G+工业互联网"应用。各地方政府也纷纷出台支持 5G、工业互联网的相关政策,近 20 个省区市充分利用现有政策资金渠道,加大对"5G+工业互联网"的支持力度。产业链各方探索"5G+工业互联网"应用的热情高涨,基础电信企业、工业企业、解决方案提供商大力合作,积极探索应用场景,开展试点示范,已形成"以建促用、建用结合"的良好发展局面,各类 5G 融合应用加速落地。

---

③ 3C 电子领域的产品包括计算机类、通信类和消费类电子产品。

5G和工业互联网正同向并行，携手奔跑。

在5G网络规模不断扩大的同时，5G应用规模化发展取得阶段性成效。我国5G应用创新在工业、媒体、医疗、教育等行业领先发展。截至2021年10月18日，全国建设"5G+工业互联网"项目超过1800个，平台化设计、智能化制造、网络化协同、个性化定制、服务化延伸、数字化管理等新模式新业态加速向40个国民经济大类延伸。

"5G+工业互联网"典型应用案例日趋丰富，应用水平不断提升，从生产现场监测、厂区智能物流等生产外围环节逐步延伸至研发设计、生产制造、质量检测、故障运维、安全管理等核心环节，在电子设备制造、装备制造、钢铁、采矿、电力5个行业成效显著，培育形成协同研发设计、远程设备操控、设备协同作业、柔性生产制造、现场辅助装配、机器视觉质检、设备故障诊断、厂区智能物流、无人智能巡检、生产现场监测十大典型应用场景。"5G+工业互联网"在加速传统产业数字化转型，提质、增效、降本、绿色、安全发展等方面的重要作用不断显现。"5G+工业互联网"在各行业的应用举例介绍如下。

钢铁行业。钢铁行业是国民经济支柱产业，制造流程长、工序多，生产分段连续，主要面临生产运营增效难、产能严重过剩、节能绿色低碳压力大、本质安全水平较低等痛点。中国宝武、鞍山钢铁、马钢集团等企业应用工业互联网积极探索生产工艺优化、多工序协同优化、多基地协同、产融结合等典型应用场景，一方面通过数据深度分析带动生产效率、质量和效益的提升；另一方面实现多区域、多环节、多业务系统的协同响应与综合决策，通过模式创新实现新价值创造和新动能培育。

工程机械行业。工程机械行业具有产品复杂多样、生产过程离散、供应链复杂的特征,同时也面临着生产效率不高、产品运维能力较弱和行业同质化竞争严重等痛点。三一重工、徐工和中联重科等工程机械龙头企业积极应用"5G+工业互联网",加快企业数字化步伐。通过"5G+工业互联网"进行设备预测性维护、远程可视化管理,不仅降低了设备运维成本,提高了生产资源的动态配置效率,还在此基础上延伸出供应链金融、融资租赁等服务模式,实现了"制造+服务",带来了新的增长空间。

家电行业。家电行业具有技术更新速度快、产品研发周期短、产品同质化程度高等特点,当前主要面临个性化需求满足困难、生产精度和效率要求高、订单交付周期长、质量管控力度不足、库存周转压力大等痛点。格力、海尔、美的、TCL等轻工家电企业依托"5G+工业互联网",开展了规模化定制、产品设计优化、质量管理、生产监控分析及设备管理等应用探索,提升了用户交互体验,提高了品质一次合格率与生产效率,节省了设备运维成本,满足了客户的个性化需求。

电子信息行业。电子信息行业属于知识、技术密集型产业,产品细分种类多、生产周期短、迭代速度快,对品质管控、标准化操作与规范化管理、市场敏捷化响应等要求较高。中国电子(即中国电子信息产业集团有限公司)、华为、中兴通讯等通过"5G+工业互联网"开展设备可视化管理、产品良率提高、库存管理优化、全流程调度优化和多工厂协同等典型应用探索,一方面通过机器视觉、大数据分析等新技术,提高质量管理、设备故障诊断、产品库存管理等环节的效率;另一方面通过建设互联工厂,实现企业级决策优化和需求敏捷响应。

采矿行业。 采矿行业当前主要面临资源紧缺、安全监管与环保压力大、设备实时监管、精细化管理要求高等痛点。山西潞安化工新元煤矿、陕煤集团渝北煤业小保当煤矿、山东黄金集团三山岛金矿、内蒙古白云鄂博稀土矿等采矿企业利用"5G+工业互联网"，开展智能采掘与生产控制、环境监测与安全防护、井下巡检等，把人从危险繁重的工作环境中解放出来，促进采矿行业绿色、安全生产。

电力行业。 电力行业利用"5G+工业互联网"与发、输、变、配、用全环节融合，形成新型控制监测网络，优化了流程工艺，大幅减少了碳排放，降低了清洁能源并网的不确定性，同时提升了电动汽车和微电网等主体的接入能力，降低了上下游企业和用能客户的成本。中国华能、南方电网、国家电网、正泰集团、特变电工等发电侧、电网侧和用电侧企业及机构纷纷开展探索，形成了发电侧设备预警与节能增效、电网侧调度优化与全流程集成管控、用电侧服务提质与用电策略优化等典型应用模式，分别实现了设备故障提前预测和主动维修、电能量数据可测和用电成本降低。

建筑行业。 建筑行业具有项目建设周期长、资金投入大、项目关联方管理复杂、人员流动性强等特点。中建科工、广联达、三一筑工、北京建谊等企业正利用工业互联网，探索数字化协同设计与集成交付、虚实融合的施工协同管理、装配式建筑智能制造等应用，实现建设项目全过程的虚拟执行和优化调整，大幅提升设计效率、施工质量、成本进度控制和安全施工水平。面向建筑本身能耗优化、安全应急和访问控制等需求，部分领先建筑企业通过工业互联网开展能耗管理、资产监测运维、虚拟演练等应用探索，实现智能化、安全化运行。

除了应用层面，我国工业互联网在技术创新、体系建设和产业生态方面也取得了显著成效。截至 2021 年 10 月，标识解析五大国家顶级节点已开通运行，国家顶级节点日均解析量突破 4000 万次，二级节点已达 156 个，覆盖 25 个省（自治区、直辖市），服务企业近 3 万家。具有一定影响力的大型工业互联网平台超过 100 家，接入设备总量超过 7600 万台套；"国家—省—企业"三级协同联动的工业互联网安全态势感知系统初步构建，与全国 31 个省级平台实现联网，动态监测、应急处置能力显著增强。

在万物互联的工业互联网中，每个物品、元器件，甚至每条信息都有其全球唯一的"身份证"，这个"身份证"就是标识。随着工业互联网的发展，对全要素、全产业链、全价值链的全面连接的需求日益迫切，需要建立一种兼容不同技术体系，能够跨系统、跨层级、跨地域的工业互联网标识解析体系。

我国工业互联网标识解析体系架构已实现从 0 到 1 的突破，初步形成了"东西南北中"的布局架构。

通过统一融合的工业互联网标识解析体系，企业或用户可以利用标识访问产品在设计、生产、物流、销售到使用等各环节，在不同管理者、不同位置、不同数据结构下智能关联的相关信息数据。这是实现全球供应链系统和企业生产系统的精准对接、产品的全生命周期管理和智能化服务的前提和基础。

在政产学研用的共同努力下，我国"5G+工业互联网"的发展已取得积极成效，正向着更广范围拓展，向着更深程度下沉，向着更高水平迈进。"5G+工业互联网"赋能、赋智、赋值的作用越来越凸显，正成为推动高质量发展的强劲动力。

1.3 创新发展的痛点难点亟待突破

2020年上半年,"缺芯潮"从汽车领域爆发,全球车企纷纷因此减产、停产。全球汽车咨询机构AutoForecast Solutions发布的数据显示,截至2021年10月10日,由于芯片短缺,全球汽车市场累计减产934.5万辆。

很快,芯片荒蔓延到消费电子行业,PlayStation游戏机一机难求,苹果iPhone 13系列发货持续延迟,三星被迫砍掉Galaxy Note系列新品……

芯片短缺的连锁反应还在继续,并向几乎整个工业生产系统铺开。高盛最新的研究报告显示,全球有多达169个行业在一定程度上受到了芯片短缺的影响,从钢铁、混凝土的生产到空调、啤酒的生产,甚至肥皂的生产,都在受影响的范围内。

这场波及全球的芯片危机,其实是一起多种因素交织形成的"黑天鹅"事件。新冠肺炎疫情使人们对电子产品的需求激增。美国半导体重镇得克萨斯州因暴雪停产,日本重要的半导体工厂发生火灾,东南亚的半导体工厂因疫情封闭,法国半导体工厂接连出现大罢工……种种因素叠加,加重了全球半导体的紧缺程度。

芯片是国民经济和社会发展战略性、基础性和先导性产业,被喻为"工业的粮食"。作为数字化转型抓手的"5G+工业互联网"的发展更是离不开芯片。但即使作用如此关键,芯片也只是工业互联网全要素、全产业链、全价值链连接中的一环。

作为工业经济数字化、网络化、智能化的重要基础设施，多米诺骨牌效应在工业互联网中被成倍放大。这次充满偶然性的"芯片荒"事件警示我们：任何一个环节的短板都可能拖住我国"5G+工业互联网"发展的步伐。

那么，目前，我国"5G+工业互联网"的发展还面临哪些制约因素呢？

我国"5G+工业互联网"关键核心技术的突破还有待加强，特别是原创性技术的突破还不多，工业缺芯少魂的"卡脖子"问题还没有得到根本解决。

缺芯，中国的芯片还严重依赖进口。根据国家统计局发布的《中华人民共和国2020年国民经济和社会发展统计公报》的统计数据，2020年，我国集成电路进口额为24207亿元，已经连续多年远超石油，成为第一大进口商品。

少魂，2020年，中国工业软件的市场份额仅约占全球工业软件市场份额的6.6%，同时，我国90%以上的工业软件依靠进口。

5G芯片、模组、终端……在这些关键产品、器件的研发和产业化进程方面，我国的"5G+工业互联网"还要奋起直追，下大力气提供优质技术产品，特别是要实现高端突破。

此外，在我国"5G+工业互联网"的推广中，"不会用、不敢用、用不起"等现实难题依然存在。

互联网的下半场在工业互联网，但工业互联网融合应用不同于互联网创新应用，工业互联网的主战场在实体经济，面向工业、立足工业、服务工业。这就决定了互联网的下半场要采取完全不同的打法——工业互联网面向千行百业、千企千面，应用场景细分程度高，有一种形象的说法是"一米的宽度、一百米的深度"。这意味着"5G+工业互联网"应用需要与各行业的生产实践、行业特性、知识经验紧密结合，不断突破行业技术壁垒和数据共享障碍。

当下，我国"5G+工业互联网"应用的推广还面临着行业之间存在较高壁垒，不同行业之间基础不同、痛点难点不同，发展路径也不尽相同等实际情况。在应用和推广"5G+工业互联网"的过程中，还难以形成一个快速的、跨行业的、可复制推广的综合解决方案。

但工业互联网作为关键基础设施、全新工业生态和新型应用模式，其精髓及优势恰恰在于规模化的资源调度与共享。因此，解决工业互联网在不同行业中的应用问题，总结行业内工业互联网应用可复制、可推广的解决方案，在此基础上，寻求构建共性问题的标准化解决框架，才能带动整个制造业打造新的竞争优势，打通产业链壁垒，实现价值链的全面提升。

走进格力总装车间，可以看到5G、AI等现代先进科技充分融入生产的场景：大屏幕上，全产线虚拟仿真实现了从产品设计、生产计划到制造执行的全流程数字化；K3106产线上，格力自主研发的机器人替代传统人工，高质量完成了各项质检工作，产线工人加工动作规范比对，高效提升了工艺水平；车间通道上，AGV与智能电子仓实现智能调度、精准配送……

在这家"格力5G+智慧工厂"，管理效率提高超过10%，作业准确率提高了30%，控制调度系统的响应时间减少了50%，每年节约生产成本超1500万元。四大类15种5G融合创新应用覆盖了研发设计、生产制造、物流调度、运营管理等生产和管理流程。

不过，现阶段，像格力工厂这种能实现"5G+工业互联网"从单场景应用向多环节协同发展的应用案例数量还不多。

目前，5G与工业互联网融合发展有不少应用场景仍处于初级阶段，一般都聚焦在工厂的一个或几个特定环节，尚未形成完整的产业生态，应用案例多集中于5G+机器视觉、5G+VR/AR①辅助装备、5G+超高清视频等大带宽类应用和5G+AGV、5G+远程控制等低时延、控制类等应用，物资管理、云端机器人、云化AGV、辅助作业、产品全生命周期管理的相关应用则相对较少。

由此可见，5G在工业互联网中的应用还是外挂型的，并没有完全嵌入整个工业的深度流程中。利用智能网联化的技术、设施、设备，实现信息流、物流、资金流、业务流、价值流的有机统一，从而赋能工业生产，提高效率、降低成本，在这一方面，"5G+工业互联网"还未全面发挥巨大效用。

今后，需要通过打造5G全连接工厂示范标杆的方式，探索形成IT、OT、CT②融合发展的实施方案，推动5G应用领域从外围辅助环节向核心生产环节渗透，应用重心从单点孵化向5G全连接工厂拓展。

此外，产业的成熟度和替代的迫切度不一样，可能导致不同产业对"5G+工业互联网"应用规模化复制的节奏不同。

---

① VR 即 Virtual Reality，虚拟现实；AR 即 Augmented Reality，增强现实。
② IT、OT、CT 即 Information Technology（信息技术）、Operation Technology（操作技术）和 Communication Technology（通信技术）。

龙头企业推进智能制造的积极性不断提升，应用范围向生产制造核心环节不断延伸，覆盖行业和领域日趋广泛。中小企业因存在数字化程度低、业务连续性管理能力不强、抗风险能力不足、现金流不佳等弱项，对其进行"5G+工业互联网"升级改造，受到前期投入较大，改造需求相对碎片化、多样化的制约。

加强5G和工业互联网的融合应用，要进一步深化工业互联网在各细分领域的应用创新，探索符合行业发展实际需求的智能化制造、网络化协同、规模化定制、服务化延伸、数字化管理等新模式。既鼓励"跨行业、跨领域"平台的发展，突破行业技术壁垒和数据共享障碍，又强调培育聚焦行业特点的专业型、特色型平台，实现精耕细作，产生实效。要以推进重点区域制造业转型升级为目标，分区域、分行业，有重点地形成差异化的推广路径，构建龙头企业带动中小企业协同发展的智能制造生态体系。

工业互联网正迎来快速成长期。2021年年初，工信部出台的《工业互联网创新发展行动计划（2021—2023年）》提出了五方面、11项重点行动和10大重点工程，着力解决工业互联网发展中的深层次难点、痛点问题。

在基础设施建设方面，一是实施网络体系强基行动，推进工业互联网网络互联互通工程，推动IT与OT网络深度融合，在10个重点行业打造30个5G全连接工厂。二是实施标识解析增强行动，推进工业互联网标识解析体系增强工程，完善标识体系构建，引导企业建设二级节点不少于120个、递归节点不少于20个。三是实施平台体系壮大行动，推进工业互联网平台体系化升级工程，推动工业设备和业务系统上云上平台数量比 2020 年翻一番。

在持续深化融合应用方面，一是实施数据汇聚赋能行动，制定工业大数据标准，促进数据互联互通。二是实施新型模式培育行动，推进工业互联网新模式推广工程，培育推广智能化制造、网络化协同、个性化定制、服务化延伸、数字化管理等新模式。三是实施融通应用深化行动，推进工业互联网融通应用工程，持续深化"5G+工业互联网"融合应用。

在强化技术创新能力方面，一是实施关键标准建设行动，推进工业互联网标准化工程，实施标准引领和标准推广计划，完成 60 项以上关键标准研制。二是实施技术能力提升行动，推进工业互联网技术产品创新工程，加强工业互联网基础支撑技术攻关，加快新型关键技术与产品研发。

在培育壮大产业生态方面，一是实施产业协同发展行动，推进工业互联网产业生态培育工程，培育技术创新企业和运营服务商，再建设 5 个国家级工业互联网产业示范基地，打造 10 个"5G+工业互联网"融合应用先导区。二是实施开放合作深化行动，营造开放、多元、包容的发展环境，推动多边、区域层面政策和规则协调，支持在自贸区等开展新模式新业态先行先试。

在提升安全保障水平方面，实施安全保障强化行动，推进工业互联网安全综合保障能力提升工程，完善网络安全分类分级管理制度。加强技术创新突破，实施保障能力提升计划，推动中小企业"安全上云"，强化公共服务供给，培育网络安全产业生态。

举帆遇风劲，逸势如飞奔。《工业互联网创新发展行动计划（2021—

2023年)》给我国工业互联网发展确立了目标：到 2023 年，工业互联网新型基础设施建设量质并进，新模式、新业态大范围推广，产业综合实力显著提升。具体包括：新型基础设施进一步完善，融合应用成效进一步彰显，技术创新能力进一步提升，产业发展生态进一步健全，安全保障能力进一步增强。

第二章
5G+智慧工厂

无论是在制造大型发电设备的工厂，还是在传统印染车间，5G网络铺设与融合应用的落地，让工厂焕发了智慧生机，5G+智慧工厂成为工业制造发展的趋势。

包括中国一重、东方电气、柒牌、联塑集团等在内的各领域制造企业，与电信运营企业及产业链合作伙伴联手打造了一批5G融合应用，并从尝鲜向深度赋能持续探索。在代表全球制造业领域智能制造和数字化最高水平的"灯塔工厂"名单中，我国入围企业数量居首。还有更多的企业在没有经验可循的情况下，开始进入创新"无人区"。

在这片开拓奋进的热土上，越来越多5G+智慧工厂正在茁壮成长。

2.1 三一重工：5G全连接，灯塔工厂驱动"大象快跑"

企业简介：三一重工股份有限公司（简称三一重工）主要从事工程机械的研发、制造、销售和服务。公司产品包括混凝土机械、挖掘机械、起重机械、桩工机械、筑路机械等。混凝土设备为全球第一品牌，挖掘机、大吨位起重机、旋挖钻机、路面成套设备等主导产品已成为中国第一品牌。

技术亮点：机器视觉、5G+重载AGV、AI+IIoT[①]、工业大脑FCC[②]等。

应用成效：依托"根云平台"，三一重工北京桩机工厂融合先进的人机协同、自动化、人工智能和工业互联网技术，将劳动生产率提高了85%，将生产周期缩短了77%，获得了"灯塔工厂"认证。

素有智能制造"奥斯卡"之称的"灯塔工厂"，是由达沃斯世界经济论坛和麦肯锡咨询公司共同遴选的"数字化制造"和"全球化4.0"示范者，代表当今全球制造业领域智能制造和数字化的最高水平。

2021年9月27日，三一重工北京桩机工厂成功入选世界经济论坛发

---

① IIoT 即 Industrial Internet of Things，工业物联网。
② FCC 即 Factory Control Center，工厂控制中心。

三一桩机"灯塔工厂"内部

布的新一期全球制造业领域"灯塔工厂"名单,成为全球重工行业首家获认证的"灯塔工厂"。

三一重工是全球最大的桩工机械制造基地,也是全球重工业智能化程度最高、人均产值最高、单位能耗最低的工厂之一。背后依托的"数字化转型新基座",是由树根互联打造的自主可控的工业互联网操作系统——"根云平台",可支撑全局的智能化运维。

三一重工作为中国基建的装备砥柱,携手树根互联,将新一代信息技术与制造业深度融合,在"数字化转型新基座"之上构建重工行业"灯塔工厂",成为全球重工企业数字化转型的指路明灯,展现了卓越的行业领导力,也为中国基建再添世界级名片。

数字赋能柔性制造,打造智慧工厂

桩工机械作为重型装备,其生产模式属典型的离散制造,品种多、批量小、工艺复杂。更大的挑战在于工件复杂,又大又重又长。例如170多种钻杆中,最长的有27米,重达8吨;又如,20多种动力头中,最重的达16吨。

在三一重工北京桩机工厂里,由树根互联打造的"根云平台"成为撬动质量变革、效率变革和动力变革的支点。经过自动化、数字化、智能化升级后,桩机工厂共有8个柔性工作中心、16条智能化产线、375台全联网生产设备,依托由树根互联打造的"根云平台"实现了生产制造要素全连接,整个工厂已成为深度融合互联网、大数据和人工智能的"智慧体"。

目前,在这家工厂里,小到一块钢板的分拣,大到十多吨桅杆的装配,已可全部由机器人自动完成。

首先,通过工业大脑FCC,订单可快速分解到每条柔性生产线、每个工作岛、每台设备、每个工人,实现从订单到交付的全流程数据驱动。沿着数据流程,可以了解产品制造的全过程和细节。工厂里还有"双手""慧眼""飞毛腿"等高效协同分解任务,共同维持智慧工厂的飞速运转。在工厂内,基于5G+AR设备的人机协同技术已得到广泛应用。物料分拣、销轴装配等传统劳累活、危险活不再需要人力操作,全部由机器人高效完成。

"5G+工业互联网"应用场景助推数字化转型

在三一重工北京桩机工厂的机械制造基地，随处可见 5G 与工业互联网赋能的数字化转型场景。三一重工相关负责人表示："今天的桩机工厂就是一个脑子聪明、眼疾手快的工程师，实现了工匠精神与经验的参数化与软件化。"

机器视觉＋工业机器人的组合，给工厂安上了一双"慧眼"。借助 2D/3D 视觉传感技术、AI 算法以及高速的 5G 网络，桩机工厂实现了智能工业机器人在大型装备自适应焊接、高精度装配等领域的深入应用，并解决了"16 吨动力头无人化装配""厚 40 毫米、宽 60 毫米钻杆方头多层单道连续焊接"等多个世界制造难题。

双 AGV 联动重载物流，让物料搬运拥有"飞毛腿"。在精准授时、低时延的 5G 无线工业专网的保障下，行业首创重载 AGV"双车梦幻联动"，实现 27 米超长超重物料的同步搬运和自动上下料，堪称智慧的物料搬运"飞毛腿"。

人机协同让机器人也能成为"老师傅"。强大的人机协同，使人的灵活性和机器人的大负荷双重优势得以充分融合。机器人 AI 还能免编程学习熟练工人的技能和手法，并作为教具，"以老带新"，最终实现技能传授和工厂"老师傅"实践经验的传承。

在后台，由树根互联打造的"根云平台"也在日夜不停地计算。桩机工厂里近 36 000 个数据点不断采集数据,结合 AI 分析与大数据建模,为每一道工序、每一个机型甚至每一把刀具等匹配最优参数、优化生产节拍,"算"出设备作业效率的最优解。

除此之外,通过工匠技能和实践经验的参数化及软件化,借助激光传感技术以及自适应算法,工厂内实现了利用机器人来进行重型装备厚管的柔性焊接,解决了工匠技能传承难、重型装备厚管人工焊接效率低、质量一致性差等管理难题。

高度柔性生产让生产潜能得到极大发挥。相比改造前,桩机工厂在同样面积的厂房内产值翻了一番,总体生产设备作业率从 66.3% 提高到

86.7%，平均故障时间减少了58.5%。目前，该工厂可生产近30种机型，"柔性智造"水平全球领先，实现了"大象跳舞"。2020年，桩机工厂的人均产值已达到1072.8万元，领跑全球。

"灯塔工厂"助力智能制造

桩机工厂的升级蜕变，是三一重工过去三年推进数字化转型的一个缩影。"灯塔工厂"的建设，不仅培养了一批人才，也为行业提供了三一重工对智能制造落地的经验和思考。

三一重工斩获"灯塔工厂"认证的背后，离不开"根云平台"的赋能。通过服务数百家各个垂直领域的工业企业，树根互联的"根云平台"已吸收了各类工业企业的需求，在平台当中沉淀出足够多可配置的模块和服务，不断提升"数字化转型新基座"的定位价值。

随着以树根互联"根云平台"为代表的新型信息基础设施的广泛部署，工业互联网正成为新一轮工业革命下强大的新型生产力。未来，以树根互联"根云平台"为"数字化转型新基座"的"灯塔工厂"作为成功范本，将为更多产业链伙伴、行业乃至整个中国智造开路引航，照亮数字新航道。

2.2 中铁装备：5G 助隧道盾构迈入"智慧掘进"时代

企业简介：中铁工程装备集团有限公司（简称中铁装备）是中国中铁股份有限公司旗下工业板块的重要成员企业，已成为隧道掘进机、隧道机械化专用设备、地下空间开发三大产业有机联动、以地下工程装备综合服务统领多元发展的综合性集团。

技术亮点：5G+振动数据传输、5G+UWB[①]人机定位、5G+安全帽人员管理、5G+人员行为分析等。

应用成效：依托 5G 网络技术，以"5G 创新试验基地"为平台，建立了"1+1+N"5G 盾构实验室，实现盾构装备 PLC[②] 数据、关键系统监测终端数据、安全运维信息和人机定位信息等实时稳定传输，使数据传输故障率降低了 99.99%，实现秒级精度参数控制。

"上天"有神舟，"下海"有蛟龙，"入地"有盾构，盾构装备是衡量一个国家制造业水平的重要标志。中铁装备作为国家智能装备制造业的龙头单位，积极拥抱以 5G 为"领头羊"的新基建与交通装备盾构机的技术

---

① UWB 即 Ultra-Wideband，超宽带。
② PLC 即 Programmable Logic Controller，可编程逻辑控制器。

创新融合。继在郑州地铁三号线（经开区）司庄站—南曹站区间实现世界首个5G技术保障下盾构法掘进地铁隧道项目贯通后，中铁装备与中国移动河南公司郑州分公司（即郑州移动）再度携手，将成功技术经验推广到郑州地铁桐淮站的盾构施工项目中，5G+智慧盾构创新又迈出了新步伐。

破局隧道盾构"黑暗掘进"

盾构机，被誉为"最强穿山甲"，是开山挖洞的"重器"。

盾构施工中，结合前期工程调研情况，工程师会根据土壤、水文等地质条件为不同的线路设计马蹄状、矩形、圆形等不同形状、不同刀头的盾构机。庞大的钢铁机器深入地下，按照规划好的线路掘进。刀头旋转振动，泥沙、石块等渣土掉落，随即被传送带运到隧道外。

与此同时，"盾牌"形状的水泥板会被运进施工坑道，完成坑道四周的硬化，轨道也会同步铺设。可以说，盾构机相当于一个移动的隧道作业车间，所到之处，挖掘、硬化、轨道铺设一站式完成。

地下作业环境涉及地质、水文、压力等多重因素，复杂多变。高温、高湿、不透风的工作环境导致施工人员作业难度大，危险系数也高。而且，盾构机每掘进一点都需要实时监控，分析大量且分散的施工数据，以确定下一步挖掘的最佳着力点。

受制于隧道内的恶劣环境，常规组网模式下，通信网络存在覆盖弱、成本高、不稳定、延迟高等短板，导致中铁装备在利用盾构机对地铁隧道掘进建设过程中的海量施工信息仅能靠人工记录后期分析，无法实现多区域的实时数据采集分析。

基于此，郑州移动与中铁装备强强联合，共同打造了"1+1+N"5G盾构实验室，即依托1张5G专网、1个智能决策中心、N个5G应用，建设智慧盾构5G技术应用创新基地。项目实施过程中，郑州移动创造性地将5G微波基站安装在盾构机内部，打造了世界首条在采用盾构法掘进隧道的过程中，由5G技术持续提供保障的地铁隧道，该技术保障盾构机在掘进的过程中5G网络通畅，使中铁装备远程诊断掘进面故障、掘进数据无线传输、盾构机振动数据无线传输等创新技术得以实现，使隧道盾构从"黑暗掘进"时代迈入"透明掘进"时代。

重塑盾构施工"智慧"体系

为何要使用"迷你"的5G微基站呢？

"盾构机的刀盘类似我们的牙齿，各种传感器相当于我们的眼睛和皮肤，目的是感知外界的变化，让操作人员知道目前盾构机处于怎样的一种状态。"中铁装备的技术专家介绍说，"如果在盾构过程中土质发生变化或前边出现石头，就要改变操作方法，不然就会导致刀盘出现问题。"

盾构机掘进时，刀头在高频率振动，每秒采集100～200次数据。过去施工时的振动数据都是通过网线进行传输，网络部署成本高、稳定性差，一旦遇到网线断裂，只能人工复制主机振动数据。得益于5G高速率、低时延、大连接的特性，5G应用让"传感神经"更加灵敏，数据传输故障率降低了99.99%，可以完成秒级精度的参数控制，不但能做到实时分

盾构机刀盘位置实现 5G 网络覆盖

析振动数据，并将分析结果快速反馈至地面大数据终端，还能通过决策中心分析海量分散的信息，第一时间发出机器故障预警。

除此之外，5G 还应用于人机定位、人员管理和行为分析等多个方面，实现了对设备运行、人员管理、施工环境的实时监控，不但提高了设备运行效率，降低了运营和管理成本，同时也保证了施工现场的安全。

5G+UWB 人机定位可以实现对盾构机主体位置、隧道施工人员、物资、车辆的实时定位，以及时获取位置、轨迹等信息，判断盾构机的掘进方位，提高掘进位置偏离状态下的应急响应速度，以及施工管理水平和效率。

5G+安全帽人员管理可以对施工人员实现米级定位，如出现安全隐

技术人员进行设备巡视

患,可随时对施工人员发出安全警示。同时,施工人员可戴着装有5G模组的智慧安全帽对工地进行"视频直播",将画面回传至管控平台,这样管理人员就能第一时间指导前方进行设备维修或传递施工指令了。

5G+人员行为分析更是"监督利器",利用双目UVC[③]相机,搭配人员行为分析算法,监测主司机的驾驶状态,分析其闭眼、打哈欠、瞌睡点头等动作,判断其是否在疲劳驾驶。在判断为疲劳驾驶后,以音频的方式进行预警提醒,从而极大地提高了对驾驶员监督的效率,减少了地面管理人员的数量。

③ UVC 即 USB Video Class,USB 视频类。

落地应用致力全行业广泛复制

据悉，5G+智慧盾构项目已在多个地铁施工项目中成功落地应用，并已有丰富经验。

2021年4月，郑州移动助力中铁装备、河南五建在郑州地铁三号线司庄站—南曹站区间完成世界首个5G技术保障下盾构法掘进隧道地铁项目的贯通。2021年8月，基于此前成功的项目经验，5G+智慧盾构又被成功复制在郑州地铁六号线桐淮站项目中。

值得一提的是，5G+智慧盾构项目也收获满满的荣誉：在第四届"绽放杯"5G应用征集大赛河南区域赛中获得一等奖；在第二届促进金砖工业创新合作大赛上取得工业互联网赛道二等奖的优异成绩，系河南省唯一的获奖项目。

在郑州移动副总经理乔朋看来，打造类似于中铁装备盾构远程指挥中心的决策平台，实现边—端—云海量多源数据的实时感知、传输和分析，推动智慧盾构在全行业的广泛复制，是他们更长远的目标。"这是我们的一个积极尝试，未来可以在施工难度更高的隧道建设中进行更多的探索。"乔朋说。

2.3 徐工：构建 5G 全价值链智能工厂

徐工应用视频

企业简介：徐工工程机械集团有限公司（简称徐工）拥有主机、零部件、贸易服务及新业态企业 60 余家，业务涵盖工程机械主业、汽车产业、装配式建筑、金融服务、人力资源、信息技术等领域。目前，徐工持续稳居中国工程机械行业第一，位列全球行业第三，是中国装备制造业的一张"名片"。

技术亮点：5G SA、5G 边缘计算、工业 AR 协同、AGV 集群、AI 平台、视觉检测等。

应用成效：生产计划完成率提高至 95%，库存减少了 22%；可在多种场景下完成灵活质量检测，质量合格率提高了 10%，检测效率提高了 30%；节省端侧硬件成本，投资成本节约了 30%；远端维护让维护时间从 7 天减少到半天；远端调测/功能扩展时间从 7 天减少到 1 天。

近年来，我国工程机械行业乘着新基建的东风迅速发展，2020 年工程机械行业实现了营收 23% 的增长。然而，传统的生产与管理方式已经跟不上产量逐年攀升的节奏，工程机械行业要想继续向上攀登，必须向信息化、智能化转型。

5G 成为撬动徐工智能化转型的支点。徐工作为国内排名第一的工程机械制造商,正全面推进智能制造整体提升工程,通过部署 5G SA 专网打造了 30 余个"5G+工业互联网"典型应用场景。5G 凭借自身强大的实力,正助力徐工持续攀登行业高峰。

主动拥抱"数智化"转型

徐工深耕工程机械制造行业,具备年产销超 15 万辆工程机械设备的能力,年营业额逾千亿元。新基建的加速推进,让徐工迎来了创新发展的新机遇。但传统工程机械行业在研发生产、质量检测、维修服务等环节的信息化程度不足成为制约发展的瓶颈。

面对数字化浪潮,徐工开始思变,从 5G 入手,进行"数智化"转型升级。公司旗下的徐工汉云工业互联网平台联合江苏联通,为徐工搭建了 5G SA 架构+MEC[①]端到端的专网,打造了 30 余个"5G+工业互联网"典型应用场景,打造了涵盖研发管理、生产管理、园区管理、市场服务、工业安全、工厂大数据等的 5G+全连接智能工厂,成功用 5G"盘活"了研产供销服全价值链。

有了 5G 网络的加持,基于汉云工业互联网平台,徐工成功解决了工程机械生产及运营过程中数据黑盒的痛点,将每一台设备从生产到运营的全生命周期数据上云,实现了大数据服务与研发,使设备生产装配、测试运营等多方面的效率得到大幅提高。

---

① MEC 即 Mobile Edge Computing,移动边缘计算。

第二章　5G+智慧工厂

在以往的生产中，生产管理部门无法及时准确获知资源准备信息和订单进度信息，生产透明度较低，造成计划编排不精确。通过应用"5G+工业互联网"，现在的生产计划完成率提高至95%，库存减少了22%。"5G+工业互联网"的赋能效应，有效支撑了徐工30%的销量提升，间接创造效益逾50亿元。

打造 5G 全价值链智能工厂

在徐工的 5G+全连接智能工厂内，从生产研发到园区管理，再到后市场服务，"5G+工业互联网"的应用为全价值链注入了数字新动能。

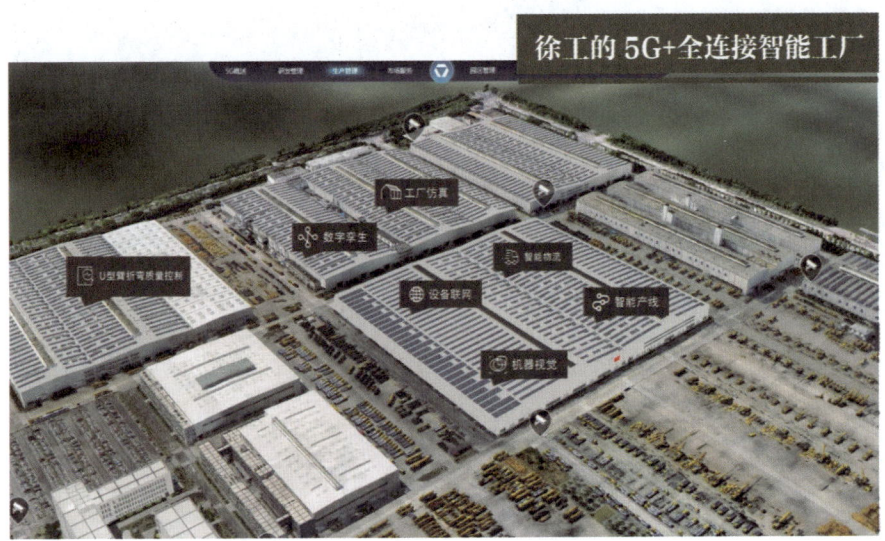

工厂内随处可见的电子显示屏上实时更新着生产管理数据。据徐工的

5G+全连接智能工厂生产车间负责人介绍，车间内安装了基于5G的生产工位智能终端和看板系统，在排产调度环节，基于5G的终端、看板，可实时显示生产相关的数据，这大大提高了排产调度效率。

研发管理方面，通过部署厂内5G专网，应用5G远程数据采集，徐工的5G+全连接智能工厂实现了设备总线数据毫秒级采集。智能终端可对500余项机械设备的调试参数进行采集，并通过5G专网将新产品调试采样数据和调试画面实时传回，在线分析，形成在线调试报告。以超低时延将数据同步至工程车车联网平台，实现了高效远程测试，单位班组测试数量增加了27%。

5G远程产品在线调试

以往的质量检测极大地依赖工程师的经验积累和判断，自动化程度低，单结构件的检测时间较长，无法为预测性维护提供大数据支撑。5G

第二章 5G+智慧工厂

机器视觉检测与传统治具测量相比，效率提高了 82%，准确率提高了 34%。除此之外，基于 5G 的机器视觉检测，还能够智能检测生产线违规操作，提升作业流程的标准化程度。

有了"5G+工业互联网"，工程机械车辆再也不是一个个独立的个体，通过装备 5G 智能终端，徐工机械设备数据实时连接至汉云工业互联网平台，可以实现远程启动、远程控制，有助于统一调度机械设备，支撑基建建设。针对特定作业场景，通过无人机、车载摄像头，将 4K 高清现场画面实时传回，以机器视觉场景辅助施工，保障了施工安全。

对工程机械制造行业来说，后市场服务十分重要。5G 技术的加入给服务人员及机主带来了焕然一新的用户体验。机械设备故障时，自动上报故障信息，技术人员通过 5G 车载终端采集数据进行智能分析，对非硬件故障可实现远程升级配置，从而完成故障修复，减少了运送机械设备去服务网点的频次。远端维护让维护时间从 7 天减少到半天，每年直接节省售后服务成本约 3000 万元。

徐工汉云"5G+工业互联网"在徐工的成功应用，为工程机械以及特种设备制造行业提供了可借鉴的经验。未来，徐工汉云将致力于推广"5G+工业互联网"应用的成功经验，为行业数字化转型升级贡献更大的力量。

2.4 中国一重：5G助力打造高端制造标杆

企业简介：中国一重集团有限公司（简称中国一重）是中央管理的涉及国家安全和国民经济命脉的国有重要骨干企业之一，主要为钢铁、有色、电力、能源、汽车、矿山、石油、化工、交通运输等行业及国防军工提供重大成套技术装备、高新技术产品和服务。

技术亮点：5G+大规模数据采集、数字化管理、智慧看板等。

应用成效：通过5G与现场精益生产管理技术的融合创新，打通设备与生产之间的数据流，实现生产车间的设备联网、数据采集、能耗检测和透明化管理。

在机床的轰鸣声中，车间生产有条不紊，机床数据和能耗数据通过5G网络实时上传系统，报警信息被及时推送给维修人员，以保障机床维护到位；工艺人员在办公室内通过5G网络远程下发程序并监控程序运行情况；机床操作人员按照数据分析后总结的工艺参数执行加工；车间领导通过车间大屏，实时了解车间内的生产效能，并根据数据分析提升车间管理水平……

"5G+工业互联网"的应用正让中国一重这个大国重器在数字时代绽放出全新活力。

强强联合，"大国智造"渐行渐近

中国一重的轧电车间主要生产大型轴类设备，这类设备是大型发电类设备的重要组件，但因为产业、工艺等依然存在通过人工记录或凭经验估计的情况，一旦现场设备加工出现问题，就无法做到及时、准确反馈，由此会导致生产效率难以提高、按需定制难以变通、产线流程难以更替、生产安全难以保障的后果。同时，设备未联网会导致派工不均匀，从而造成加工效率低，影响交货期，出现问题时无法进行追溯。随着车间技术的更新及老师傅的退休，技术传承难的问题尤为突出，需探索持续保证生产稳定、提高设备可靠性的方式，为工厂生产提供稳定可靠的服务。在网络方面，生产现场环境复杂，Wi-Fi等信号不稳，时常造成设备掉线，采集的数据难以满足生产要求。

针对以上难题，中国一重联合中国移动黑龙江公司、中国移动上海产业研究院实施了"5G+数字化工厂样板车间"项目，通过建设覆盖厂区的5G精品专网，借助中国移动OnePower工业互联网平台及5G+大规模数采标准解决方案，实现了生产车间的设备联网、数据采集、能耗检测和透明化管理。

一方面，不受线路"束缚"的5G网络具有高带宽、低时延、大连接的特性，可有效解决设备生产状态无法实时显示反馈的问题，做到现场数据实时、稳定、高效传输。另一方面，5G+物联网技术可实现生产设备能耗的高效采集。通过在原有机床侧加装专用的智能电表和电流互感器，生产车间可直接、高效地采集每台机床的总电流、电压和功率等数据，并通过 5G 网络上传到服务器,做到设备能耗实时采集。通过对以上生产数据的采集处理和挖掘分析,可有效支撑车间的生产管理、设备管理、工艺管理和质量管理,从而实现数据价值的最大化。

中国一重车间部署 5G 精品专网

5G 赋能,智能车间建设蹄疾步稳

5G 作为新技术,如何充分发挥其优势,赋能中国制造,是中国一重和中国移动需要共同面对的全新课题。

中国一重的车间内环境复杂,行车运行不休,机加设备单体较大、距离较远,这些因素都会对 5G 网络造成干扰,影响信号强度。"我们之前利用 Wi-Fi 信号实施过类似项目,但最终搁置了,因为网络不稳定,导致采集的数据不准确。没有基于真实生产的设备数据,管理系统就成了空中楼阁,无法真正起到作用。"中国一重相关项目的负责人介绍道。

坚可攻,难可克,一支专家团队迅速集结起来,通过现场实地勘察、信号仿真测试论证、宏微信号干扰调优、支架设计等技术手段,制定了个性化5G专网建设方案,为"5G+数字化工厂样板车间"应用的全面开展奠定了坚实基础。

"之前车间内的设备都正常开机运行,员工都很忙碌,但我心里其实一直犯嘀咕:到底多少台机床是真正在跑活?每台机器是以什么样的状态开着?每月的报表里到底有多少水分?出现不合格品的真正原因是什么?如何持续有效地提升车间产能?"在项目实施之初,中国一重的相关负责人强调,"我们要真真实实地将这个项目推进落地好,通过与车间内的MES[①]打通,基于该数字化管理平台打造智能车间,让车间的数据流转起来、活起来!"

合作各方全力以赴,充分发挥"工匠精神"的引领作用,积极协调内部各专业条线及外部合作伙伴,有序推进、攻坚克难,成功实施了"5G+数字化工厂样板车间"项目,实施内容主要包含5G设备数采、加工程序管理、车间数据分析可视化以及大屏展示系统等。该项目可在实现数据不出场的前提下,对工厂内大量不同设备的运行数据进行实时解析和高速上传,并在后方平台对数据进行统计分析、可视化呈现,从而实现对设备告警等信息的实时感知,辅助生产管理人员快速定位异常、实时检测设备的运行状态、优化设备维修保养计划等。据了解,这是我国率先利用5G进

---

① MES 即 Manufacturing Execution System,制造执行系统。

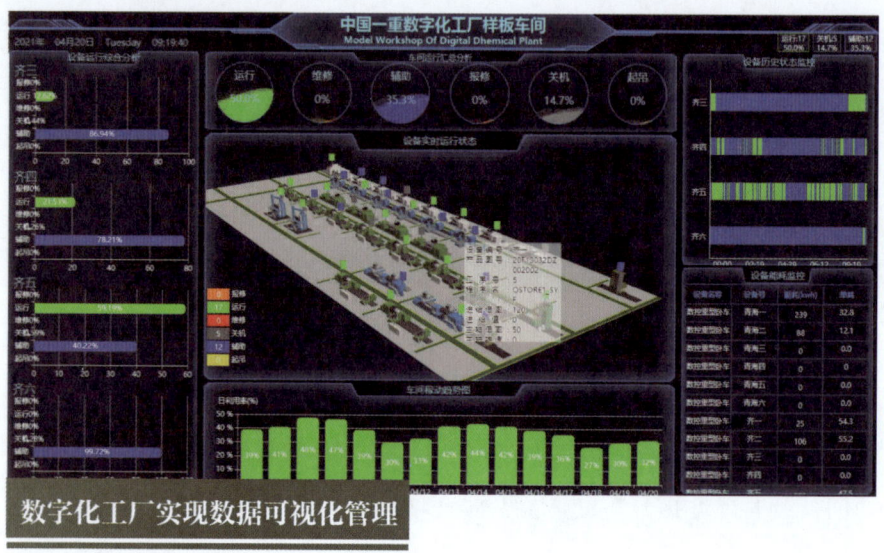

数字化工厂实现数据可视化管理

行产线设备控制的离散类企业样板项目。

项目实施后取得了降本增效的显著效果。在经济效益方面，产品质量水平持续提升，促进年产值稳步提升；通过分析能源的浪费情况，节省了能源消耗成本；通过程序管理功能，减少了不合格品的数量；降低了意外停机及故障造成的损失成本；结合管理制度优化，降低了人员成本、物料准备成本等。在效率方面，5G 网络环境下实现加工程序的综合管理及实时下发，提高了工艺管理、程序管理、维修管理协同效率。在质量方面，通过对数据的追溯、分析及对加工工艺的优化，提高了产品加工质量；基于加工全过程的数据监控，实现了质量监控及追溯。

中国一重相关车间负责人总结道："该项目的落地，让车间实现了从定性管理到定量管理的转变，透明化管理成为现实，稳步提升了车间精益生产管理能力。"设备及工艺主管也感慨道:"通过数据积累的'知识库',可稳步提高生产效率。例如,进一步明确粗车时的最佳进刀量,可提高粗车加工效率,提高人员技能水平。而且,工艺人员不用再跑到机床边上复制程序了,也不用担心程序管理混乱、质量问题追溯、程序追溯等管理问题了,5G 切实给我们的生产带来了变革。"

该项目在 5G 技术的应用创新上深耕重工装备领域场景,紧密结合轧电车间的作业流程,在不改变现有生产方式的基础上,优先实施设备层的数字化改造,为后续车间的持续升级打下了坚实的基础。

目前,中国一重作为我国重工装备改革升级的"排头兵",已成为该领域的标杆,"5G+数字化工厂样板车间"项目也成为我国重工装备行业高端数控加工提升协同生产效率、降低运维成本的标杆应用项目。

2.5 东方电气：
5G 赋能国之重器

企业简介：东方电气集团有限公司（简称东方电气）拥有国家级企业技术中心，以生产大型发电成套设备、电站工程总承包、电站服务为主业，具备大型发电设备的开发、设计、制造和电站工程总承包能力，是积极发展清洁能源的高端能源装备行业领军企业。

技术亮点：5G SA 专网、5G 远程对刀、5G 机器视觉质检、5G 吊车调度、5G 焊接数采。

应用成效：以远程对刀取代人工对刀，作业安全性提高了 100%；引入吊车调度系统，大幅提高了作业效率；通过 5G 机器视觉质检、5G 焊接数采的应用部署，实现了生产工艺精益求精；5G 数字车间打通了设备制造全流程，助力生产提质增效，整个车间的运行效率及智能化程度得以大幅提升。

作为涉及国家安全与国民经济命脉的国有重点骨干企业，东方电气同时也是具有全球影响力的发电设备制造和电站工程总承包集团企业。

新技术带来新未来。东方电气联合中国移动，紧跟时代浪潮，成立了 5G+ 先进制造工程应用研究中心，大力发展并快速落地 5G 应用，在新时代为企业迎来新机遇。

东方电气联合中国移动四川公司打造了国内领先的5G+电气装备制造智慧工厂,已为"华龙一号"、白鹤滩首台百万千瓦水电机组等机组的快速投运提供了有效支撑,成为5G+先进制造业的应用典范。

双方的合作获得众多成果,其中东方电气5G+能源装备工业互联网创新试点示范项目入选工信部2020年工业互联网试点示范项目;5G智慧园区中台助力高端能源装备智能制造与智慧服务项目获得第三届"绽放杯"5G应用征集大赛全国二等奖。2022—2024年,东方电气和中国移动四川公司将继续合作改造多台大型龙门加工设备,进一步推动现代信息技术与高端制造业的融合发展。

5G专网,直击痛点精准发力

作为智能制造数字化转型示范企业,东方电气也面临转型难点:如何实现对生产车间的人员安全的、有效的监控?如何对发电设备的运行状态、产品质量进行高效管理?

中国移动四川公司多次现场实地调研测试,发现了问题所在。在网络方面,东方电气制造园区内网络信号传输时延高,部分车间内易受干扰;厂区内光纤网络易折损、接入不灵活,有线线路调整升级需要很长的规划和实施周期,并且改造难度大,难以满足数字化车间数据采集、传输的需求。而在应用方面,车间的生产应用通过光纤或Wi-Fi进行网络接入,使用时存在极大的不便,为作业工人带来了诸多困扰。

5G作为新一代移动通信技术,以大带宽、低时延、海量连接、高移动性的特点，完美契合了东方电气园区的网络升级改造需求。东方电气携手中国移动四川公司，发挥 5G 网络优势，在工厂内引入 5G 专网，实现了公共区域、生产车间、办公大楼 5G 信号全覆盖。

在东方电气，在企业办公方面，利用 5G 专网，打通了企业内网，实现了数据不出园，生产数据统一监管、统一调度；利用 5G 边缘计算、网络切片核心技术，实现了园区管理类应用、个人及办公类应用、机器设备类逻辑划分；结合具体生产场景，开展了 5G+数字化转型建设，提高了企业管理效率及生产制造效率。

5G 智慧车间实时进行安全生产行为分析

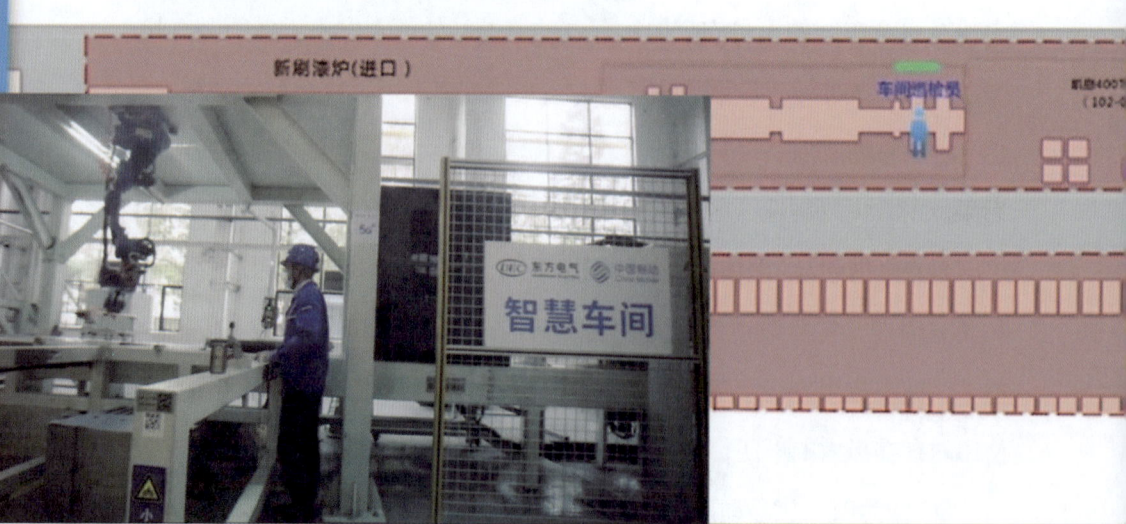

从工业制造到工业"智造"

东方电气依托移动 5G 工业专网，大力推进 5G 应用规模化落地，5G 技术贯穿生产制造全流程，全方位实现生产智能化。

在东方电气，6.3 米的高压缸加工立车以前需要操作工反复进入缸体内部进行对刀和测量，存在工伤风险；且加工精度要求极高，若测量不准确，则存在加工报废的风险。现在，利用 5G 大带宽和低时延的特性，5G+接触式传感器将现场图片以及机床测头数据实时上传智慧中台，由工艺部专家进行远程控制，使员工远离现场，降低了对刀过程中的人身风险，提高了加工效率。

该 5G 高压缸加工立车设备是现今国内精度最高的大型机械加工设备之一。项目试点结果显示，单次测量时间从 3 小时缩短到 1 小时，测量效率提高了 66%。

东方电气厂区内生产的设备大多是重型设备，在工件生产和组装过程中涉及大量的零部物件调运。在实际生产中，大多数物件在调运过程中，工人就在物件运输路线下作业，一旦吊车出现问题，将造成难以估量的后果。

现在，借助 5G 网络部署人脸识别系统、标准安全生产着装比对系统，在危险区域加装高清监控摄像头，与报警装置打通，基于厂区、车间内的摄像头采集的图像，东方电气实现了对厂区人员的身份识别、安全着装检查、危险区域进入警报提醒。

这些系统可 24 小时运行，大幅提高了巡检效率和作业安全性。这些系统目前已在1个园区部署，2022—2024年拟在全集团七大园区推广。系统复用到东方电气各个园区后将形成标准和规范，可减少单个单位重复建设，减少应用成本达20%以上。

5G吊车调度系统有效提高作业安全性和设备巡检效率

在东方电气，5G融合应用远不止这些。5G吊车调度系统的引入解决了大规模作业的吊车缺乏统一的调度管控，部分吊车未投入使用、调度效率低下等问题，极大提高了吊车的作业效率和物件的转运效率，企业产能提高了10%以上。

在东方电气，水电、火电、核电等发电设备在各个制造工序中存在大量焊接过程。手动焊接时，工人需要设置焊接机的工作电流和电压，存在为了赶工期，焊接时电流、电压超标的情况，这会降低焊接强度，不符合标准的要求。通常，厂区采用巡检方式对工人作业电流、电压进行人工抽查，效率较低，也不能反映实际情况。5G+高频数采改变了这一现状。该应用将焊接参数实时传输到监控平台上，可以对不规范的操作进行报警。借助 5G、AI、机器视觉等新兴技术，化低效的人工质检为全方位机器视觉质检，通过 5G 网络实时回传采集到的图像数据，与后台系统的标准工艺进行比对，在焊接过程中进行质检，机器自动实现二次焊接，实现制造、质检、二次焊接协同，多流程同步带来生产效率的大幅提高。

东方电气的风电机组一般分布在偏远地区，维护巡检人力成本高，问题处置周期长。引入 5G 网络后，东方电气依托边缘计算平台，通过 5G+边缘计算及园区智慧中台监控风电主机关键部件的运行状态，在保障数据安全和实时性的同时，减少了运维成本，有效降低了故障发生率。

5G 融合应用正在加速千行百业的数字化转型。东方电气将携手中国移动四川公司，在 5G 时代积极拥抱变化，利用 5G 打造精品工业示范专网和先进制造应用示范双标杆，以"以移代固、机电分离、机器换人"的新思路助力形成工业新生态，用"数智化"持续赋能国之重器。

2.6 格力：
家电制造升级，5G智慧工厂给出"参考答案"

企业简介：珠海格力电器股份有限公司（简称格力）是国内领先的家电制造企业，也是多元化、科技型的全球工业制造集团，产业覆盖家用消费品和工业装备两大领域。公司拥有33项国际领先技术，获得国家科技进步奖2项、国家技术发明奖2项。

技术亮点：MEC边缘云、5G SA切片专网、AGV集中管理平台、MES生产系统、仓库机器人协同作业系统。

应用成效：实现生产过程的安全规则、外观自动测试，提高产品检测精度、准度和速度，实现产品百分之百检验受控，每条产线每年可节约人力成本16万元；电子仓实现货物灵活周转、存储和百分之百先进先出管控，平均每仓节约呆料成本100万元。

"格力5G+智慧工厂建成，使管理效率提高超10%，作业准确率提高30%，控制调度系统的响应时间减少50%，每年节约生产成本超1500万元。"在2021年全国5G行业应用规模化发展现场会上，格力展示了与中国联通联合打造的"5G+工业互联网"示范产线实践成果——"格力5G+智慧工厂"项目。格力电器董事长兼总裁董明珠在演讲中将此案例称为"标杆工程"，并与各界共同展望了世界一流"黑灯工厂"的美好发展前景。

第二章 5G+智慧工厂

2019年7月,格力启动"5G+工业互联网"5G专网改造项目,建设了国内领先的基于MEC边缘云+智能制造的5G SA切片专网。针对格力提出的网络诉求及智能制造业务场景的规划,中国联通制定了"5G+MEC边缘云+SA切片专网"的总体方案。该方案旨在依托现有资源,为格力构筑工业互联能力,搭建智能制造网络,实现生产装备、仪器仪表、传感器、控制系统、管理系统的互联互通,打造端到端切片专网。中国联通广东分公司负责该项目的网络建设及运营。

模具车间利用5G技术实现检测数据的实时采集

独具一格造经典 专网落地焕生机

在格力总装车间,设备、系统实现5G连接,5G、AI等现代先进科技充分融入生产场景。车间的大屏幕上,全产线虚拟仿真实现了从产品设计、生产计划到制造执行的全流程数字化；K3106产线上，格力自主研发的机器人替代传统人工，高质量完成各项质检工序；车间通道上，AGV与智能电子仓实现智能调度、精准配送……

格力专网整体采用5G SA架构组网。其中核心网部分，控制面采用广东联通的5G商用网络，与普通用户共享；用户面MEC（UPF[①]）下沉到格力园区部署，本地分流园区内专网的用户流量。

5G专网实现了企业业务与公众用户业务的物理隔离，确保企业数据不出园区，保障了生产数据安全和带宽资源的"独占"。格力园区内的网络时延从原来的20毫秒降低至9毫秒，为无纸化首检系统、AI工业视觉和AGV智慧物流三大应用的落地创造了条件。

传统产线焕发出的勃勃生机正是中国联通与格力大力推广5G技术应用的成效。中国联通为格力构建了一张高质量的5G行业虚拟专网，在其总部园区建成9套5G宏站、167个pRRU[②]，打造了覆盖研发设计、生产制造、物流调度、运营管理四大类的15种5G融合创新应用。

在传统依靠人工作业的质检环节，格力应用5G+AI视觉技术，结合自主研发的机械臂，实现检测快速定位、参数自动调取、结果智能判定，涉及空调外观包装、压缩机线序、自动电气安全等10余个检测环节，每年节省质检成本超过120万元。为规范、优化工人的加工动作，中国联通运用5G+AI+大数据技术，对加工动作进行实时的规范比对和快速分析，并推动产线工艺的优化升级，产线改造周期缩短了两天以上。

① UPF即User Plane Function，用户面功能。
② pRRU即pico Remote Radio Unit，小型射频拉远单元。

过去在 Wi-Fi 场景下，AGV 常因网络不稳定而停机。5G+AGV 应用通过 5G 融合调度系统，实现了路径规划、车辆管理、交通管理智能化，仓储货物百分之百先进先出，仓库自动化率提高到 60%，每年运营成本减少 100 万元。

传统的首检作业采用工人笔录巡查的方式，易出错、追溯难、效率低。基于 5G 智能终端搭建的自主首检系统，1～2 秒便可以下载并打开超过 200 MB 的首检文件，作业信息实时在线同步，首检准确率提高至 100%，每年降低耗材成本 150 万元。

为改变传统仓库"人找货"的作业方式，工厂应用 5G 物流机器人，融合 MES 打造高柔性智能仓储系统，在补货入库、拣选出库、库存管理等作业中，机器人实时精准取料，高效出入库，货物周转百分之百先进先出，平均每仓节约呆料成本 100 万元。

传统工厂的内网以 Wi-Fi、光纤为主，布线复杂、部署和调整周期长、点检难。改造后的内网基于 5G 对繁杂的工业设备运行状态及生产大数据进行实时采集、高效回传、在线分析，通过仿真生产系统实现从产品设计、生产计划到制造执行的全过程数字化，车间设备联网率超过 85%，设备运维效率提高 25% 以上。

传统制造新起点　工业互联新示范

2021 年 4 月，格力携手中国联通，在制造领域 5G 端到端硬切片技术上率先取得突破并正式商用，采用无线 RB[③] 资源预留、承载网 FlexE（灵活以太网）、客户专属 UPF 端到端硬隔离等技术，搭配联通自主研发的企业级切片管理平台，实现 5G 专网的自管理、自配置、自服务，有效保证了园区业务的独立性和稳定性。

据悉，格力 5G+工业互联网智慧园区被评为广东省"5G+工业互联网"应用示范园区；成功申报"MEC 接入安全的控制方法和装置""MEC 业务安全的控制方法和装置""作业监测方法、装置、电子设备及存储介质"等 5 项专利。

格力智慧工厂项目成功经验的推广将促进 5G 技术与智能制造产业融合，推动制造业的自动化进程与智能化转型，提高传统制造业的生产效率与产品良率，激发新动能，创造新需求，培育新市场。

现阶段中国联通已着手将格力的"广东经验"辐射应用至格力在全国的各产线基地，并为全国智能制造、家电工业互联网解决方案供应商提供示范，旨在推动中国制造业信息化、智能化水平再上新台阶。中国联通将进一步打造智能、极简、可承诺网络服务的工业专网，同时牵引更多 AI 能力的部署，与合作企业共同探索资源协同、应用协同、数据协同、智能协同等多种协同模式。

---

③ RB 即 Resource Block，资源块。

2.7 联塑集团：
从"制造冠军"到"智造冠军"

企业简介：中国联塑集团控股有限公司（简称联塑集团）是国内大型建材家居产业集团，产品及服务涵盖管道产品、水暖卫浴、厨房门窗、装饰板材、消防器材、建材家居等领域，拥有 80 多家控股子公司和超过 23 个主要生产基地。

技术亮点：MEC、无线采集、机器视觉检测、网联 AGV、数字孪生。

应用成效：5G 智能制造体系的搭建，实现了对联塑工业园注塑机、AGV、工业 AR 的远程控制，有效解决了肉眼难以识别的质检难题，以及质检工人易疲劳、易出错的问题；整体配送效率提高了 23%，巡点检准确率提高了 30% 以上。

当 5G 与智能工厂结合在一起，会迸发出怎样的火花呢？

随着 5G 网络的快速部署，传统制造业的数字化转型进一步加速。总部位于广东佛山顺德区龙江镇的联塑涌口工业园便是传统工厂走向智能工厂的典型代表。联塑集团是国内建材家居产业龙头，生产与销售网络遍布全球。然而，相对其他制造行业，建材业一直被视为"离互联网最远"的制造行业之一。

联塑集团也有与行业同样的痛点。联塑的生产线主要采用有线网络、Wi-Fi 等技术连接起来，这是一种烟囱式的网络结构，跨厂商系统间缺乏互通性，协议制式不统一，部署难度大，运维成本高，频率易被干扰，难以适应产品快速迭代的需求。因此，借助 5G 技术的推广，找到更可靠、更灵活、维护性更好、成本更低的工厂网络部署方案迫在眉睫。

对努力推进 5G 应用落地的中国移动佛山分公司和追求创新突破的联塑集团来说，5G+智能制造是双方"一拍即合"的项目，在应用后也产生了实际的价值。自 2019 年 7 月双方签署 5G 战略合作协议以来，中国移动佛山分公司从联塑集团实际的生产需求出发，通过部署 5G 网络，实现了联塑园区、生产车间的 5G 网络全覆盖，将 5G 内置摄像头、AGV、机械臂、MES 数据采集、生产大数据中心等应用全部连接起来，以 MEC 为核心，将生产、仓储、在途管理、柔性生产和智能物流串联，最终建成全流程互联互通、透明可视的 5G+塑料管道生产智慧工厂。该项目实现了"5G+工业互联网"在厂内的高度集成应用，推动网络应用从虚拟到实体，全厂 5G 网络覆盖率达到百分之百。

5G 助力工业设备数据实时采集

在传统印象里，塑料管道从原材料加工到生产环节，再到质检包装，都离不开人。但在联塑集团的 PVC[①] 注塑车间，大部分生产环节已经实现了自动化。从自动化投料开始，

---

① PVC 即 Polyvinyl Chloride，聚氯乙烯。

第二章 5G+智慧工厂

原料通过管道直接到达注塑机,产品一次性注塑生成后,自动由机械手放置到 AGV 上,再自动运送到质检包装环节,进行检测、激光打码和打带包装。

这条智能制造生产线的背后是 5G 与其他技术的融合创新。中国移动佛山分公司通过部署 5G 生产设备远程控制、5G 工业设备无线采集、5G 及其视觉检测、5G 网联 AGV 多机联动、工业 5G AR 智能巡检和 5G 工业视频生产安全分析等多个 5G 技术应用,搭建了 5G 智能制造体系,打造了国内首个管材 5G 智慧工厂,助力联塑集团从"制造冠军"向"智造冠军"转型。

从 5G 赋能的角度来看，工业 5G+AR 智能巡检应用借助 5G 网络的低时延性，以平板电脑和 AR 眼镜相结合的方式，实现专家远程协助，提高了巡检效率，达成了高效追溯管理，巡检准确率提高了 30% 以上；5G 网联 AGV 多机联动应用通过 10 多个 5G 物流机器人与全自动工序无缝配合，个性化产品分拣更快，使整体配送效率提高了 23%；5G 工业视频生产安全分析应用实现了无人作业检测、危险区域周界防范的报警联动跟踪；5G 工业视频生产安全分析应用可实现无人作业检测、危险区域周界防范的报警联动跟踪。

针对联塑集团海量的生产状态数据，中国移动佛山分公司通过 5G 网络，结合大数据分析，为管理人员提供了异地"管理主动化、生产可视化"的工业数据驾驶舱，让企业可以实时掌握工厂的生产运营状况。

作为港珠澳大桥、北京大兴国际机场等国家超级工程背后产品供应的"潜行者"，联塑集团对产品的安全性能要求很高。随着生产规模的扩充和 AI 质检技术的投入使用，AI 质检点位快速增加，质检成本快速攀升。为解决这个问题，5G 机器视觉检测应用通过高清摄像头拍摄管道和金属件切面图像，由 5G 专网上传到人工智能云平台计算，再由云平台反馈产品缺陷检测结果，有效解决了肉眼难以识别的质检难题，以及质检工人易疲劳、易出错的问题。

5G 技术还助力企业转型升级。联塑集团凭借 5G 智能制造体系，克服了 2020 年新冠肺炎疫情期间延迟开工、用工难的问题，在业内率先恢复生产。

联塑工业园 5G+智能制造应用项目荣获第三届"绽放杯"5G 应用征

集大赛全国二等奖。该项目在实践中深度应用5G边缘计算技术，实现了更高效率、更加精准地优化生产和服务资源配置，打造了建材"5G+工业互联网"产业示范基地，推动了建材行业智能制造的发展。

5G为制造业带来了巨大变革，为制造企业的转型升级注入了更多活力，提供了绝佳机遇。联塑工业园5G+智能制造应用项目，打造出可复制、可推广的5G智能制造应用模式，以比特驱动瓦特，创造出新的工业价值。

2.8 杭锅集团：
传统锅炉"智造"创新故事

企业简介：杭州锅炉集团股份有限公司（简称杭锅集团）是中国机械工业百强企业，主要从事锅炉、压力容器、环保设备等产品的咨询、研发、生产、销售、安装及其他工程服务。

技术亮点：5G、机器视觉、AR/VR、移动巡检。

应用成效：生产、安全、协同等多维度的管理水平得到全面提升。

杭锅集团是一家乐于拥抱新技术的工业企业。该公司近年来始终致力于加快 5G、工业互联网、人工智能等新一代信息技术的应用，希望通过网络、平台、系统、应用的持续创新，有效促进企业乃至产业制造体系和服务体系再造，不断增强市场竞争力，推动企业由单纯的产品向产品＋服务转型。中国电信杭州分公司作为 5G+工业数字化的先行军，正利用多种新技术和应用，助力杭锅集团完成这一革命性的技术升级。

几十年的车间模式因 5G 而改变

2020 年，中国电信杭州分公司采用专有无线设备和核心网一体化设备，替代杭锅集团原有的 Wi-Fi 网络，端到端地构建了一张与公网数据完全隔离的 5G 专网。

第二章　5G+智慧工厂

5G 专网覆盖杭锅集团的工厂

　　5G 专网的好处显而易见。首先是有效降低了内网访问时延，实现了高效的数据下载，重要的是，对 5G 专网数据进行了隔离处理，确保了数据安全。

　　在杭锅集团工作了 20 多年的葛敏龙是车间质量检验岗位的老师傅，他深刻感受到了数字化的好处："一天要看图 100 次左右，图很大，以前网络不稳定，经常需要十来分钟才能刷出一张图，碰到图刷不出来的时候，还要跑到很远的办公室去打印图纸，一来一回更费时间。"葛师傅打开随身的平板电脑，刷的一下就打开了一张图，图中的部件和参数清晰可见，

"有了5G网络，现在一天只要半小时的看图时间，效率提高了很多。"

5G应用全面开花

速率提高是第一步，基于5G专网的各类应用开始让杭锅集团的数字化能力显著提升。

5G+机器视觉。全自动流水线，实时监控各种生产环节及设备，进行相应的故障告警、处理和控制，大大提高了整个工厂的生产效率。

5G+质检。通过5G+工业相机+AI技术智能检测成品外观及瑕疵点，降低了人工检测成本，提高了成品率。

5G+移动巡检。以机器人、无人机为载体，实现了巡检数据的实时记录、分析、上传和反馈，可以及时发现各类突发情况，大大减少了人力和时间成本。

5G+数据采集。通过园区内大量传感器、设备、仪器、仪表等产生数据的终端，对设备的振动、电压、温度、设备各类参数以及各种监测数据进行采集，传输到大数据分析平台进行分析管理，从而精准响应各项生产任务。

5G+AR/VR技术在新冠肺炎疫情期间成了杭锅集团远程设备维护的"神器"。目前在该集团全国的多个分点都已配备AR眼镜。分点的产品如果出现问题需要维修，工人佩戴AR眼镜实地拍摄，经过数据传输，总部的技术专家就可以实时看到设备的高清细节，远程指挥当地的维修人员找到故障点并维修，这大大降低了工程运维的人力和时间成本。此外，中国

第二章 5G+智慧工厂

5G+AR眼镜成为远程设备维护"神器"

电信杭州分公司还帮助杭钢集团以虚拟方式构造了整条产线的VR仿真，这样可以实时监控产线的生产状况。

在厂区有一个长170米、码放11层的智能料库。这里堆放着规格不一的大型管件和钢板。按照工业企业的通行做法，物料要实现先进先出，即最早入库的要最先使用，以减小产品耗损。在人工时代，最先入库的管件往往会被堆放在最底层，调用时工人需要挨个腾挪管件，单个管件平均重达2吨，腾挪困难可想而知。

如今，每个管件上都配备了二维码，入库位置、库存数量等信息一查便知。如需调用某根管件，工人只需要通过5G智能料库管控平台操作，即可在几十秒内精准调取。智能料库不仅大大提高了厂区的出库效率，还缩短了产品的生产周期，实现了原材料的精准溯源，为持续产出高质量产品打下了基础。此外，智能料库还为公司节省了2700～3000平方米的面积。杭锅集团现在可以做到尽快把单接进来，再把货物发出去，通过智能料库提高周转率。

先期的这些成功尝试，让杭锅集团看到了实实在在的好处，也促使该集团加快推进下一步的数字化规划，未来该集团计划在分析数据方面下更大的功夫。"收集海量数据，智能剔除'脏'数据，再通过进一步的分析找到数据背后隐藏的信息。"杭锅集团相关负责人对数字化前景非常看好，"数字化规划做好了以后，我们就能借助数据做决策，我相信这是未来最大的改变，以后不再靠个人的经验，或一拍脑袋决定方向，而会跟着数据走。"

2.9 迎丰科技：
传统行业升级，看 5G 如何 "拨千斤"

企业简介： 浙江迎丰科技股份有限公司（简称迎丰科技）专业从事纺织品的印染加工业务，是国家高新技术企业、国家级绿色工厂、浙江省两化深度融合国家综合示范区示范试点企业、浙江省绿色企业，2019 年入选中国印染行业协会发布的中国印染企业 30 强榜单。

技术亮点： 5G 网关、5G+ 气体浓度传感器、5G+ 超高清摄像头。

应用成效： 一举打破了印染行业染色一次合格率低、容易出现染色误差的发展瓶颈，生产效率提高了约 5%，成本节约了约 10%。

"染缸、酒缸、酱缸"，作为"三缸"文化之一的印染是浙江绍兴极具代表性的传统行业，绍兴市柯桥区则被誉为"世界纺织之都"。在这里，产业聚集、扩大竞争优势的同时，也把印染行业如今面临的升级转型困境放大呈现了出来——如何让传统的印染业走上节能环保、智能高效的发展之路？中国移动在绍兴印染企业迎丰科技打造的 5G+ 智慧工厂，以小投入治愈了大顽疾，用新技术升级了旧产业，给出了一个"四两拨千斤"的巧方法。

新科技代替老师傅

和酿酒、制酱一样，印染对温度、湿度、进料时间有精确、严苛的要求——染料配比不容有毫厘之差，进料时间也要恰到好处——这需要对数据和时间进行完美把控。

在传统的印染工厂里，这些都要凭借老师傅的经验。尽管近年来，很多印染企业都升级了机器设备，但是关键工艺环节凭经验工作的模式没有改变，好设备的优势没有得到充分发挥。印染企业依旧摆脱不了染色一次合格率低的行业痛点。

5G的到来让印染企业看到了变革的契机。在迎丰科技的生产车间里，机械臂能够有序地从120个染料箱中精准抓取相应的配色盆，自动打浆后，根据指令将料浆输送至指定机缸；每台机缸上的5G传感器实时收集温度、水耗、电耗、蒸汽等生产数据传送到控制平台，并接收控制平台发出的进料、喷气等指令……

棉质涤纶、棉涤混纺等不同织物对染料投放的时间、温度都有严苛的要求。以前都是靠工人的经验来判断投料时间，这就造成不同缸里出来的布料颜色不尽相同，产品的不良率较高。迎丰科技相关工作人员介绍道，"有了时延不到30毫秒的移动5G网络，通过5G传感器敏锐捕捉的每台染缸的温湿度等数据都能够实时传送到控制平台，染缸的升温曲线一目了然，控制平台可以及时下达指令，避免了之前因工艺参数的细微差别导致的染色结果参差不齐。"

大带宽、大连接、高速率、低时延的5G网络让工厂大量的数据可以及时、畅通流转,一举打破了印染行业染色一次合格率低、容易出现染色误差的发展瓶颈。

小"细胞"防治大污染

从前,为我们衣着服饰增光添彩的印染业一直是污染大户。纺织工业废水排放量在全国 41 个行业的废水排放量中位居前列,而印染加工过程产生的废水排放量占纺织废水排放量的七成以上。

以迎丰科技为例,该公司日产印染废水量达 2.2 万吨,其中废水排放量为 1.08 万吨。可以说,印染排污一直是迎丰科技产业转型升级之路上的一大困扰。基于中国移动为绍兴市生态环境局打造的绍兴无废城市管理平台,中国移动为迎丰科技打造了无废细胞驾驶舱,利用 5G 物联网大连接、低时延的技术特性,采集污水处理不同阶段的污染监管数据,让污水自己会"说话",实现了对印染污水处理全过程中重点指标的实时监控,以及对风险事件的预警。

此外,在迎丰科技废水处理和储存下沉式泵房等关键地点,中国移动还部署了 5G+气体浓度传感器和 5G+超高清摄像头,实时监测硫化氢等有毒有害气体的浓度。结合摄像头,可实现有毒有害气体浓度超标后提前预知现场状况,及时做出应对措施,降低气体泄漏风险。检测数据都能接入中国移动为绍兴市应急管理局打造的印染行业综合风险防控平台。目前,该平台已接入 100 多家企业,基本涵盖了绍兴市柯桥区的所有印染企业。

"通过无废细胞驾驶舱,我们给生产企业、监管机构提供了一站式的

5G+大数据分析助力污染监控

呈现服务，相关数据都能上传到相应的平台。5G+大数据分析助力迎丰科技从生产源头减少污水排放，使资源利用效能最大化。"中国移动的工作人员介绍道。

无废细胞驾驶舱正向其他产废企业、社区推广，在5G技术的加持下，这一个个"细胞"将组合成一个环境健康、运转有机的美好社会。

新动能改造老行业

5G网络上数据的畅通流转可以打破印染行业的"痛点"。但是，5G

对传统行业的改造之功并不仅限于为企业"头痛医头,脚痛医脚",还体现在能对企业进行全流程的再造,帮助企业提速转型升级。

在传统的印染工厂中,料浆通过人工输送,在从配色车间到染缸的途中,料浆的泼洒不仅会使厂房内污水横流,还会导致因料浆计量不准出现色差。同时,高温、高湿、污水横流的作业环境使厂房内犹如蒸笼。

走进迎丰科技的印染车间,里面干净整洁、地面干爽。每列染缸上方的厂房屋顶都有 6 道不同颜色的管子,它们与每台染缸相连接。染布需要的水、料浆都通过这些管子传送到机缸。每条管子的阀门都按照控制平台的指令自动开合,保证料浆剂量精准、分秒不差地添加。

机器的轰鸣声在耳边作响,提示着这里的生产很繁忙,但抬眼望去,却并不见几名工人。只见工人操纵几个按键,布匹就犹如一道白练被吸入染缸,接下来染料配比、打料、出缸等程序都由机缸接收通过 5G 网络传来的指令自动完成。以前工人需要负责运送料浆和打助剂,每人只能看管三个机台,现在每名工人能够看管四五个机台。这样的变化得益于中国移动为迎丰科技打造的 5G+智慧工厂。中国移动在迎丰科技的车间内部署了 35 个 5G 网关,每个 5G 网关可传输 3～4 台设备的数据,这能保证 5G 分布到厂房的每个角落,确保每千字节的数据均能通过 5G 安全专网传输。而流通在 5G 专网上的数据打通了设备之间的隔阂,为生产管理实时化提供了数据基础。

"没有这套系统的时候,各项生产数据都是靠人工采集的。5G 网络不仅把每台机器的数据集中起来,还打通了工厂的生产控制系统和管理控制系统,使企业运营和生产管理各环节无缝衔接。例如,以往的能耗计算是用整个分厂的能耗总量除以机缸数量得出平均数,而如今我们可以知道每

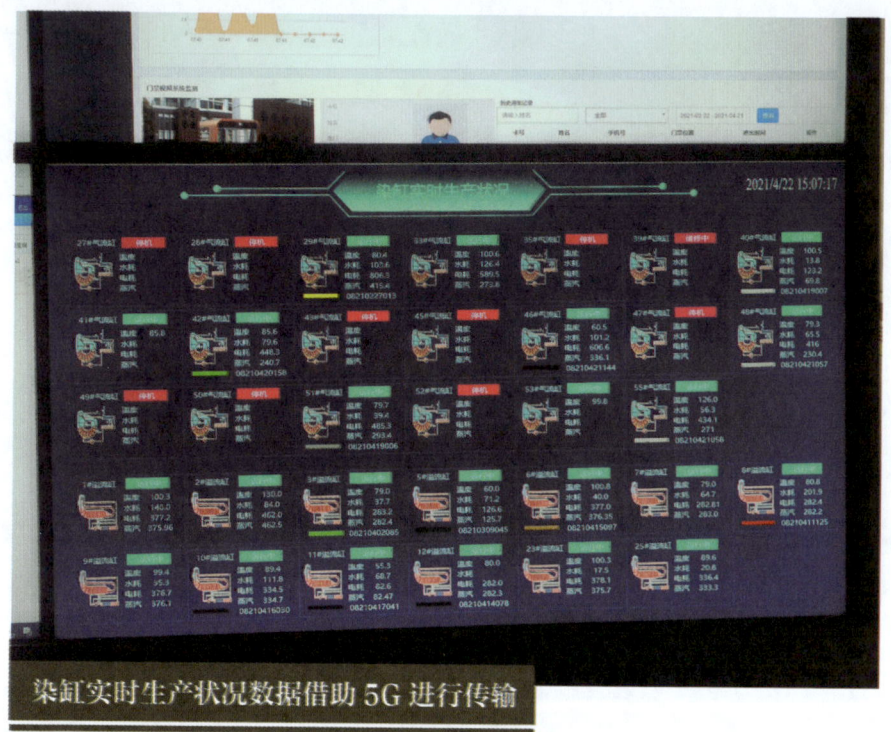

染缸实时生产状况数据借助 5G 进行传输

缸布的实时能耗,精准分析每一缸的成本,这为排产、销售决策提供了参考依据。"迎丰科技相关工作人员表示。

5G+智慧工厂的部署对车间生产数据采集和供应链管理以及实现降本增效均有显著成效。5G+智慧工厂上线后,迎丰科技的生产效率提高了约5%,成本节约了约 10%。

如今,基于机器视觉的智慧验布等更多 5G 赋能的新技术正在迎丰科技试用。当印染厂里流淌的不仅有多彩的染料,还有高速、畅通的数据时,这个古老的行业就焕发出了新的生机和活力。

2.10 柒牌：
树立服装企业 5G"智造"典范

企业简介：福建柒牌时装科技股份有限公司（简称柒牌）是一家集服饰研究、设计、制造、销售于一体的综合性集团公司。2017 年至 2020 年，公司产值、销售收入、经济效益和市场占有率连续四年居全国同行业前 5 位，公司连续 16 年入围"中国 500 最具价值品牌"榜。

技术亮点：AGV、MES、原辅材料仓储系统、5G 专网、智慧看板。

应用成效：5G+MES 实现工作指导电子化，员工培训效率提高了 50%；5G 云化 AGV 应用于产线间物流智能调度，搬运作业效率提高了 150%；5G 智慧仓储应用使供应链资金效率提高了 20%、工作效率提高了 30%。

福建泉州晋江市素有"中国品牌之都"的美誉，拥有知名品牌超百个。随着 5G 时代的来临，这座有着深厚产业基础的制造业城市，正积极推动产业转型升级。中国男装龙头企业柒牌集团，依托中国移动 5G 专网建设智慧工厂，实现设备数据灵活调度、横向多产线协同、纵向供应链互联，开启了鞋服行业 5G 数字化新时代。

5G赋能，重新定义"柔性制造"

柒牌是国内率先建设立体仓库、自动分拣线、服装吊挂系统的服装生产企业，是福建省"两化融合"的示范标杆。移动互联网时代以需求驱动生产，强调"柔性制造"，产品迭代速度更快、交期更短，而每次产品迭代更新都涉及生产线的工序调整、流程重组，这对服装行业提出了新要求、新挑战。

柒牌原有产线主要使用有线、Wi-Fi、蓝牙、RFID[①]、ZigBee等技术手段连接，"烟囱式"的网络结构无法相互联通，存在协议制式不统一、工厂环境下部署难度大、运维成本高、频率易被干扰等问题，难以适应"柔性制造"供应链的需求。

万丈高楼平地起。2019年，5G商用元年，柒牌提出建设5G+智慧工厂，引入中国移动福建公司、中科院泉州装备制造研究所、中兴通讯等行业领先技术力量，共同制定5G智慧工厂整体解决方案。方案依托中国移动5G专网网络架构，将原有的有线、Wi-Fi、蓝牙、RFID、ZigBee融合组网，实现园区、生产线、实验室的5G SA网络全覆盖，从"云、管、端、用"等层面将生产过程MES、AGV、服装吊挂系统、自动配对系统、数据采集、AR仓储管理、智慧看板等应用全部连接起来，以MEC为核心，将研发、生产、仓储、产品定制、柔性生产和智能物流全面串联，最终建成全流程互联互通、轻快灵动的信息通道。

---

① RFID即Radio Frequency Identification，射频识别。

专网覆盖，全程助力精益生产

传统服装生产企业车间内保留着大量的纸质材料，新员工培训靠"手把手"、工作绩效靠"纸对纸"、数据核对靠"嘴对嘴"，管理效率低，数据差错率高，成本浪费明显，严重影响了工作，员工满意度也难以提升。

基于在生产基地的调研，中国移动福建公司在柒牌园区试点打造了5G+智慧工厂网络。园区生产基地部署了2个5G SA宏站覆盖厂区，并在两个制造车间部署了5G室内分布系统，室内覆盖面积超过2万平方米。针对MES、服装吊挂系统、自动配对系统、智慧仓储、数据采集和AGV信息交互类场景，利用中国移动核心网MEC搭建的5G专网用于实现数据传输。

以车间内已经实现的场景为例：在5G+MES应用方面，在柒牌工业园西服吊挂制造车间内，每个操作台上都放置了一台平板电脑，工人可以通过MES下发的视频，直接查看当前服装的制作工艺流程。这套5G+MES智能制造系统，可以解决车间1200多台工业级平板电脑终端的数据传输问题，实现作业指导视频、工艺图等大量数据的实时交互，改变了之前打印大量版型图、手把手传授的方式，既提高了员工培训效率，又推动培训成本降低了近50%。

监控生产状况的智慧看板，利用5G融合组网实时获取工位的生产数据，生产流水一目了然；系统可以自动配对作业工位，灵活调度产能，工作效率提高了20%以上。在原辅材料仓库管理方面，柒牌利用5G与AR，结合平板电脑、价签系统打造智慧仓储创新应用，改变了原有的"拿

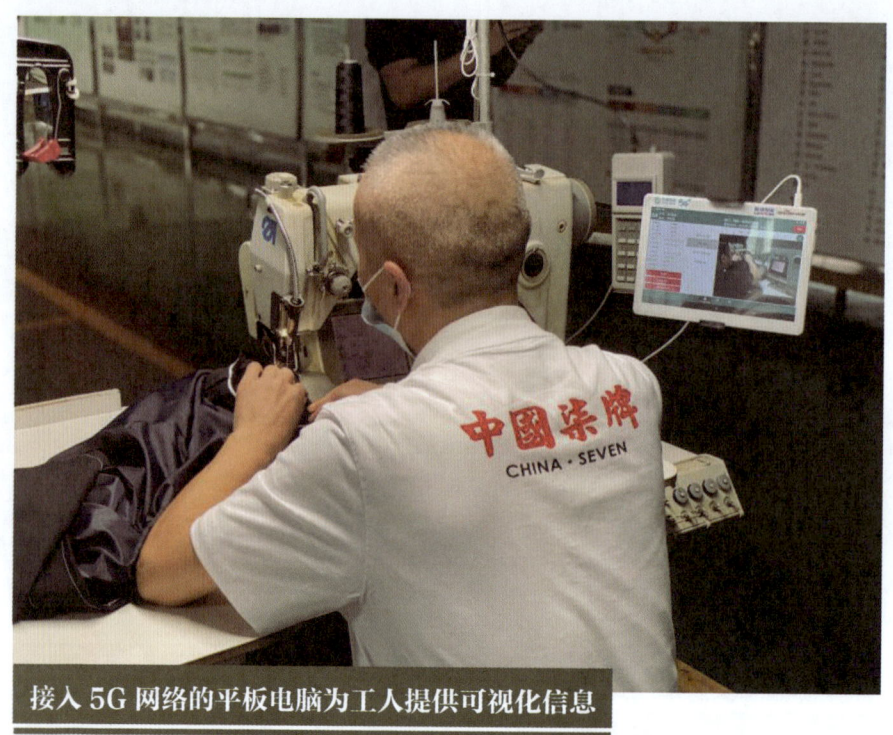

接入 5G 网络的平板电脑为工人提供可视化信息

着出库单,满仓库找材料"的工作方式,使库容提高了 30% 以上、供应链资金效率提高了 20%、库存损耗降低了 25%。上述应用场景基于 5G 融合组网,摆脱了网线束缚,节省了技术改造的时间,所有生产设备都可以随时随地接入网络,满足了车间内特有的场景需求。

智慧物流,成功打造"车间高铁"

柒牌工业园西服 6 楼的裁剪车间里,3 台 5G+AGV 正将工人师傅裁

第二章　5G+智慧工厂

剪完的面料运送至 3 楼的西裤车间。机器人自行上下电梯、出入卷帘门，在不同楼、不同层之间往来穿梭……这一场景已成为园区运行的日常。

作为鞋服纺织行业率先使用 5G SA 网络的工业模组落地应用项目，柒牌的 5G+AGV 实现了生产、物流全流程自动化运输调度，作业效率大大提高。

在传统的工艺流程中，纺织物料 95% 的时间处在物流运输和等待加工状态，且人工运输流转过程中还会出现差错，产生废料在所难免。以西服制造为例，工艺达 300 多道，生产线往往需要跨楼层部署。因此，压缩物料在工序间运输流转的时间，实现准确、高效的工序间流转，是提高柔性化生产线作业效率的关键环节。

3 台 5G+AGV 的投入使用，帮助柒牌实现了裁剪、缝制、制衣、仓储等各个服装生产环节的无缝衔接，通过机器代工实现了生产效率的提高。"AGV 可以在不同楼层穿行，自动进入电梯，从不同的车间将物料送到指定的位置。个人定制服装的交货时间一般很短，工期很赶。使用 5G+AGV 后，实现了第一时间裁剪、配料并送到指定的车间、流水线，工作效率较人工搬运提高了 150%，人员成本降低了 70%，项目已直接产生约 500 万

技术人员检测 5G+AGV 状况

元的经济效益。"柒牌相关负责人表示。

有关业界人士表示,长期以来,纺织服装业是劳动密集型的代名词,柒牌5G智慧工厂探索5G环境下自动高效的智慧物流,改变了纺织服装业传统"重生产、轻物流"的观念,提升了企业竞争力,同时对全国纺织鞋服企业探索5G智慧工厂建设起到了较强的示范作用。

目前,智能化、数字化已成为纺织服装行业发展的主题。柒牌5G智慧工厂项目成功入选福建省"5G+工业互联网"数字经济应用场景,荣获第四届"绽放杯"5G应用征集大赛福建区域赛决赛"优秀奖"。中国移动福建公司与柒牌的5G应用实践,勾勒出5G融入工业互联网,在纺织服装柔性制造上新的"路线图"。放眼未来,双方将以5G为基础,通过AGV与MTM②系统、CAD③打版系统、MES、标准工时GST④、生产看板等模块的融合,进一步完善服装行业产品个性化、设计协同化、供应敏捷化、制造柔性化、决策智能化的制造协同管理平台。

---

② MTM 即 Methods Time Measurement,方法时间衡量。
③ CAD 即 Computer Aided Design,计算机辅助设计。
④ GST 即 General Sewing Time,一般车缝时间。

2.11 大和热磁：5G 跨域智慧园区填补空白

企业简介：杭州大和热磁电子有限公司（简称大和热磁）1992年成立于杭州，是一家生产磁流体密封圈、半导体等材料的多元化企业，集产品研发、制造、销售于一体，旗下20多家公司遍布全国各地。

技术亮点：5G SA+边缘计算、5G 专网运营平台、5G 全连接工厂。

应用成效：通过多项目集中管理、多网元类型一点可视，填补了业内跨域专网管理的空白；新员工培训时长由2～3天缩短为1天。

5G 商用以来，行业应用主要落地于单个园区场景，很多大型企业在全国乃至全球各地有多个工厂或园区，如何实现不同车间、不同工厂之间的跨地域协同，快速同步实现数字化升级，满足这些大型企业的刚性需求？

2020年，由中国联通集团公司、浙江联通、江苏联通及华为公司联手打造的业界首个多园区 5G+MEC 项目在大和热磁浙江、江苏厂区顺利落地。该项目通过统一的运营平台实现了业务在边缘侧（MEC）的快速部署，打造了全国领先的 5G 跨域智慧园区，实现了企业级"一朵云"集约运营，助力企业实现各项业务快速上线。

跨域需求一点开通

大和热磁作为一家生产磁流体密封圈、半导体等材料的企业，在全国有30个厂区，对跨地域协同、网络互联、统一管理、业务跨域复制有强烈的诉求。大和热磁在推进企业数字化转型的过程中，面临两大痛点：一是厂区分散；二是现有有线网络存在布线难、维护难、升级难等问题，并且由于有线网络结构复杂，不同车间成为"信息孤岛"，无法支持跨系统操作，阻碍了企业向柔性化、数字化、智能化生产升级。

针对大和热磁厂区跨地域分布的情况，中国联通联合华为公司，分别在不同位置的园区机房建设了专享的MEC资源池，构建了统一的运营平台，可对多个地域分布的MEC进行整体调度和统一管理，并在业务层面具备"一点开通，全国复制"能力。中国联通还基于跨省5G SA组网技术，提供了5G SA网络全连接工厂项目方案，通过对工厂1200台加工车床和300个工业看板进行CT/IT/OT融合5G化改造，实现了高并发的实时有效数据采集，最终帮助大和热磁建成"5G内网+MEC边缘计算+网络切片"的5G全连接工厂。

2021年6月，中国联通在业内率先上线了全国集约的5G专网运营平台，在行业内率先实现"跨域需求一点开通"。该平台为客户提供5G专网运营平台客户端功能，满足了客户对专网进行自运维、自运营和能力开放的需求，实现了专网的网络一点可视、服务集中支撑、号卡精细管理等；在5G专网集中运营体系的支撑下，通过全国项目集约管理，满足了跨域项目的统一服务和客户自助服务的随开随用；通过专网能力在线编

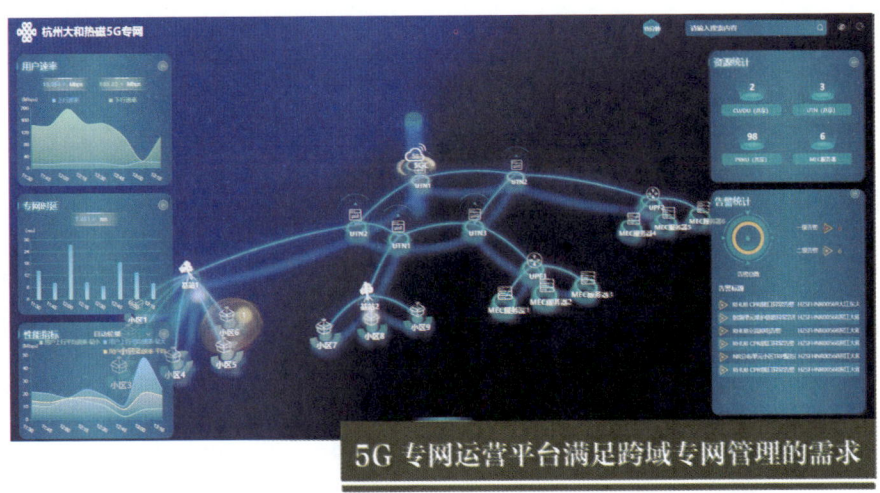

5G 专网运营平台满足跨域专网管理的需求

排、灵活配置,实现了网络显性化、终端在线化、业务线上化、管理自主化和服务定制化。

为满足大和热磁一期 5 个厂区 1200 台 CNC[①] 加工中心数据采集、5G+AR 眼镜、5G+AGV 及各厂区边缘实时反向控制等需求,中国联通打造了业界领先的跨省市、基于 5G SA+边缘计算的工业互联网专网,该项目在浙江、江苏顺利落地。5G 专网运营平台满足了大和热磁跨地域专网管理的需求,通过多项目集中管理、多网元类型一点可视,填补了业内跨域专网管理的空白。

---

① CNC 即 Computer Numerical Control,计算机数控。

5G 应用助企业转型升级

中国联通 5G SA 和本地 MEC 企业级"一朵云"一体化运维营支撑体系的落地，突破了有线组网运维及部署时间的瓶颈，为企业多厂区跨省跨域场景的互联协同、业务快速复制、网络统一管理提供了新的解决方案，还能加快 5G 应用在大和热磁多厂区的推广和落地速度。

中国联通帮助大和热磁打造的 5G 全连接工厂，已实现基于机床物联网的刀具、程序、加工任务等数字化车间的管理、分析和可视化应用。目前，基于大和热磁项目的一期数据采集已经完成，智能制造的底座已经夯实。下一步，中国联通将以相关智能制造数据为基础，支撑 AR/VR、VGA② 及晶圆表面探伤等视觉检测应用的落地。

通过 MEC 本地部署，大和热磁不同厂区可就近利用算力和人工智能实现对数据的实时处理，推动了 5G+AI、数字化车间、AR 辅助维修、AGV 统一调度等多样化的行业应用落地，大大提高了生产效率和产品质量。

在车间机床的加工过程中，通过在 MEC 侧部署加工过程优化平台，对产品加工的负荷进行了实时监控，并通过自适应算法，根据实时负载调整加工参数，根据负载大小自动加快或减慢进给速度，从而大大提高了加工效率。同时，通过机器学习生成过程包络曲线、自适应管理刀具切割负载等，大大提高了生产质量，降低了废品率。

---

② VGA 即 Video Graphic Array，视频图形阵列。

传统的程序、图纸、刀具清单、工艺说明等都以纸质文件的形式存储和使用。在大和热磁的数字化车间，无纸化管理系统对程序、刀具清单等进行数字化解析，对图纸进行三维标准化处理，让信息系统能够了解纸质文件的信息，实现数据全过程可调用、可追溯。数字化车间还将生产车间的"人、机、料、法、环[③]"通过看板的形式展现，实现了可视化，从而更好地对生产元素进行跟踪，目前已实现生产任务、加工程序、刀具、工装的动态跟踪，并通过设定规则，在生产过程中对各种偏离标准的指标进行实时动态控制。

中国联通 5G 应用在大和热磁数字化车间的落地，优化了生产过程，提高了生产执行效率。项目完成后，设备利用率提高了 8%；刀具检测系统让刀具寿命延长了 10%；借助 AR 技术，新员工培训时长从原来的 2~3 天缩短为 1 天。

中国联通打造的大和热磁"5G+工业互联网"项目，基于 5G+MEC 实现与工业互联网的深度融合，获得了 5G 产业联盟 5G 应用产业方阵授权联合实验室颁发的"5G 应用项目功能认证证书"。该项目是 5G 智能工厂的标杆项目，也是全国 3C 行业、机加工行业实现 5G+智能化转型的示范。"5G+工业互联网"正在提高行业的智能化水平、生产效率和竞争力，助力制造业转型升级。

---

③ 即人员、机器、原料、方法、环境。

2.12 红豆集团：5G 柔性"智"衣为新零售添活力

企业简介：红豆集团初创于 1957 年，是国务院 120 家深化改革试点企业之一，是集科研开发、生产制造、全球贸易于一体的大型民营企业集团。在世界品牌实验室 2021 年公布的"中国 500 最具价值品牌"排行榜上，红豆品牌位列 79 位，品牌价值 715.36 亿元。

技术亮点：个性化定制、柔性制造、AGV、MES 数据、智慧看板。

应用成效：利用 5G、MEC、AI 等技术，实现了服装大规模高级定制，集成了人、技术、设备、经营管理等要素，实现了制造过程的实时信息采集、分析、预警、报警，驱动机器、原料、方法、环境等各个环节和部门人员的高度协同工作，确保了制造过程的高效、高质、低成本。

"5G+工业互联网"将新一代信息技术与工业经济深度融合，加快新旧动能转换，推动实体经济数字化转型，提升产业链现代化水平。服装制造业也正逐步转向智能制造，通过新技术、新应用重新定义服装新零售。

红豆集团是江苏无锡的重点企业集团，多次入选中国服装业百强。在服装行业深耕 60 多年的红豆集团深谙一个道理：要想走得远，必须牢牢抓住技术变革趋势。为实现高质量发展，红豆希望凭借 5G、物联网、云计算、人工智能等新技术，推进企业降本增效。2020 年，红豆集团与中国联通正式达成"5G+工业互联网"战略合作，共同打造 5G 服装行业标杆，带动上下游 600 多家企业转型发展。

大数据个性化定制让衣服更"懂"人

随着"科技、时尚"产业新标签的日益鲜明，以服装定制等为方向，中国服装行业将迎来新一轮的发展机遇与产业崛起。服装定制融合了服装行业的科技与商业模式创新、技术与消费文化创新、供给侧改革与需求升级创新。那么，当服装定制遇上大数据，会迸发出怎样的火花？

走进中国联通与红豆集团合力打造的 5G 智能工厂车间，如同置身在 5G 的世界：AI 智能量体仓、AGV、无轨柔性生产线等处均可见 5G 标志，智能自动化系统、AR 云端平台、WCS①、物料跟踪系统和其他应用终端将智能生产的数字化和智能化体现得淋漓尽致。

在中国联通 5G 的赋能下，红豆集团的服装个性化定制相比传统的服装定制，更便捷、更高效、更有科技感。站在 AI 智能量体仓内，360 度扫描仪在 30 秒内快速地获取体形数据；走出量体仓后，不到 1 分钟就能看到根据量体数据设计的服装版型。这得益于红豆集团与江南大学联合开发的智能版芯系统。

---

① WCS 即 Warehouse Control System，仓库控制系统。

5G智能服装车间

  这套系统应用不再采用服装打版的计算公式,而是借助 5G 大带宽、低时延的特性,利用激光对着装人体进行全方位扫描,基于大数据实现精准生产,效率提高了 400%,真正做到了一人一版。选择好服装款式后,这些数据将通过 5G 模组终端实时传输到柔性智造生产线上。宽敞明亮的生产线上划有专门的 AGV 通道,用 AGV 将服装物料输送到智能裁剪区域,并且在 2 小时内根据传送过来的数据完成智能裁衣,客户在一周内就能收到成衣。

  5G+大数据应用在红豆集团比比皆是。5G 技术和 AI 技术被有效地应用在生产监控、安防监控中。5G 摄像头覆盖了整个厂区,通过 5G 内网将采集到的厂区数据传输到 5G 边缘云上,采用智能识别算法对这些数据进行处理。当出现工人违章操作、人车混行等危险行为时,警报设备会及时发出提醒,从而避免了生产安全事故的发生,提高了智能工厂的安全性。

5G 智慧工厂助力"质"造升级

传统服装行业很难满足市场"小单快反"的需求,定制化、个性化、多种类、小批量的服装生产模式,需要解决传统产线的刚性问题,离散化生产工序,打造刚性、柔性并行的生产能力。2020 年 11 月,红豆集团与中国联通联合打造了国内领先的服装行业 5G 智能柔性工厂项目。其中采用的 5G 无轨柔性制造生产线可支持多款式小单并行生产,起始单量降低至 1 件 / 单,大幅降低了产品的试错成本,赋能品牌方高频上新;同时支持快速交付,实行线性交期调节。产线柔性改造后,排产更为灵活,可随时无损耗插单,这支撑了红豆集团对市场需求快速响应的能力。

红豆集团 5G 智能柔性工厂主要由 5G+MEC 专网、工业 Wi-Fi、5G 智慧柔性产线、协同生产几部分构成。工厂通过完善的系统规划和顶层设计,打破了传统制造行业信息化、自动化和数据能力割裂的困境,让 OT 数据和 IT 数据实现交互融合,在管理模式上实现了生产管理、供应链管理、协同制造、协同商务管理、协同服务管理、物流配送管理的创新。工厂利用 5G 大带宽、大连接、低时延的特性对产品生命周期进行了全程管控和数据处理,通过大屏展示,实现了生产过程管理可视化、实时化,提升了管理效能。

在 5G 无轨柔性生产体系中,红豆集团与用户深度交互,广泛征集需求,根据订单情况、产能情况等多要素,实时建立了基于 AI 算法的智能排产模型,用 5G AGV 实现物料实时搬运,最终构建了柔性生产线,在保持规模的同时,为客户提供个性化的产品。"5G 柔性生产减少了搬运过程中的浪费。以前每道转运工序都需要人工作业,现在通过自动化流水线,在系统里做好人机工位图的排布,AGV 按照轨道设定配送就行了。"红豆集团衬衫智能工厂生产部相关负责人表示。

5G 柔性生产与智能制造的完美结合,从根本上解决了传统产线工序耦合的难题。5G 柔性生产具有"单款起单量更低、订单动态调节、多款并行、无损插单"的优势,帮助企业从"以产定销"向"以销定产"的模式过渡,使传统服装厂变身为高度贴合新零售需求的"小单快反"型智能制衣厂。

据工厂人员介绍,5G 柔性制造技术的引入使生产效率提高了 20%,交货周期缩短了 40%,员工收入提高了 21%,成本降低了 11%。这种新模式已经产生示范作用,为服装零售行业带来了新的启发,为国内服装品牌国际化拓展提供了技术平台,也为产业发展的变革提供了有意义的参考,成为行业数字化转型的模板。

当下,中国正处在从"服装制造大国"向"服装智造强国"转型的关键节点。红豆集团的 5G 智能工厂项目让工业制造企业、工业服务企业和互联网服务企业紧密结合,并持续强化"5G+工业互联网"核心能力,推动 5G 应用扬帆远航,助力中国服装产业做大做强。

第三章
5G+智慧航空

航空工业特别是大型飞机工业的崛起，对国家经济和科技发展具有重大意义，不但带动了产业链的发展，还推动了一大批传统产业的结构调整和技术升级。

在航空工业数字化升级的过程中，5G作为新一代信息通信技术，已经应用于航空飞行器研发设计、生产制造、强度试验、试飞鉴定等环节，并发挥出重要作用。

"5G+智慧航空强度试验"创新应用项目，利用新技术提升飞机检测的质量和效率，打造航空工业5G应用标杆。借助5G大带宽的特性，试验机放飞过程中的数据可以快速直接传入管控中心，放飞效率大幅提高。

5G赋能航空工业，将推动中国航空制造的数字化和智能化快速升级，使其实现高质量发展。

3.1 中国飞机强度所：5G 助力大飞机超越"极限挑战"

企业简介：中国飞机强度研究所（简称中国飞机强度所）是我国航空工业唯一的飞机强度研究、验证与鉴定中心，具有代表国家对新研制飞机的强度进行验证并给出鉴定结论的职能，在飞机强度分析与结构优化、抗疲劳断裂、振动强度与振动控制、航空声学、复合材料结构强度等方面的研究达到了国际一流水平。

技术亮点：5G 专网、5G+AGV 结构损伤巡检、5G+高清视频智能分析。

应用成效：实现航空强度试验的数字化升级，每年每型号可减少试验成本 300 万元，检测效率大幅提高，数据分析时间减少了 45%，有效保障了舱内增压以及试验检测复杂环境下人员的安全。

国产大飞机要实现成功，最重要的是什么？安全，安全，还是安全！

作为不可逾越的红线，质量安全贯穿大飞机的全生命周期。受载能力如何？抗侧风能力怎样？极限气候下的强度是否符合要求？……大飞机研制成功后，从全机结构到每一个零部件，都必须经过科学严谨的"全面体检"和"极限挑战"，才有资格进入试飞阶段。中国飞机强度所就是负责对新研制飞机进行"体检"的权威机构，也是我国航空工业唯一的飞机强度研究、验证与鉴定中心。

中国飞机强度所上海分部借助中国移动上海公司搭建的 5G 专网，对国产大飞机的强度检测实现了 5G+ 自动巡检、5G+ 全景监控等创新应用，这堪称航空工业数字化转型的典型应用。

打破人工操作的"天花板"，实现飞机检测"数智化"

在中国飞机强度所大型客机全机静力/疲劳实验室内，飞机全机疲劳试验正在有序开展，数百个液压作动器和充压装置精准模拟着飞机服役状态下的受载。试验中，为实时监测试验机舱内关键结构的损伤情况，安装在机舱内导轨上的"5G+AGV"结构损伤巡检系统不受舱内气压的影响，正平稳地采集机舱内的各项数据并回传至总指挥平台。这是中国移动上海公司、中国移动（上海）产业研究院共同助力该所打造的"5G+智慧航空强度试验"创新应用项目，为国产大飞机机型强度试验的数字化转型注入了 5G 新动能。

在以往的日常飞机疲劳测试中，试验机检测工作大多通过人工目视进行，由于舱内增压以及试验检测环境复杂等原因，检测效率不高，且极度依赖人工经验。

如何利用新技术提高飞机检测的质量和效率？

2020 年 6 月，中国移动上海公司与中国飞机强度所签署协议，携手探讨如何充分发挥 5G 新技术的优势，服务至关重要的大飞机强度试验。双方通过启动"5G+智慧航空强度试验"创新应用项目，在基础通信、5G 智能工厂、5G+ 私有云等方面开展全方位深度探索与合作，共同打造了航空工业的 5G 应用标杆示范。

第三章　5G+智慧航空

"5G+智慧航空强度试验"项目完成了 5G+机器视觉的飞机结构自动化巡检、5G+高清视频的试验全状态监控等 5G 典型应用场景建设，通过 5G 信息高速公路打造了航空数据高地，解决了复杂试验系统中设备的柔性按需搭建、海量数据实时采集与高速传输等难题。该项目基于高密立体 5G 专网，实现了"5G+机器视觉"飞机表面结构损伤自动化巡检及识别、"5G+智能分析+云计算试验"全景监控等多个 5G 应用场景。

机器对飞机表面结构进行"体检"

在强度试验机舱内，AGV+机械臂+相机系统在预设点位（损伤易发区域）循环不间断巡检和拍摄，并通过 5G 专网将监控视频、高清图片、三维点云实时上传，实现了飞机强度试验的数字化和智能化。同时，该项目还能在舱内加压的状态下运行，为飞机强度疲劳试验的连续开展提供了技术保障，真正打破了企业人工操作价值增长的"天花板"。

专家评价，该项目通过构建数字化和智能化的飞机强度试验体系架构，将提升航空装备研制全产业链的数字化能力，对今后制造行业的 5G 智能应用有重要的借鉴意义。

解决 5G 覆盖难题，高品质 5G 专网夯实数字底座

"5G+智慧航空强度试验"项目的关键之一，就是高品质 5G 专网的建设。

通过部署 75 个 5G 室分小站 + 5G MEC 边缘计算系统，中国飞机强度所实现了复杂环境下 5G 网络覆盖、海量数据超级上行、多源数据 5G 传输等关键技术，有效支撑了航空数据的"采—传—算"。此外，中国飞机强度所的 5G 专网具备 4.9 GHz 频段演进功能，支持 2.6 GHz、4.9 GHz 融合双频组网、双频协同，可保证稳定的高上行速率，极大提升了网络容量及性能。

然而，在项目启动伊始，中国飞机强度所室内的 5G 专网覆盖遇到了很大困难。飞机强度试验的现场环境复杂，室分安装难度较大，飞机的钢架结构对 5G 信号造成干扰，影响了 5G 信号的覆盖强度。中国移动的技术专家攻坚克难，通过现场实地勘察、信号仿真测试论证、宏微信号干扰调优、定制外接天线及支架设计等方式，制定了个性化 5G 专网建设方案。

最终，根据现场环境情况，在飞机龙门架钢梁上错层设计安装了新型5G室分定向天线，成功搭建了一张组网密度高、安全性能好、信号质量优的5G专网，为飞机强度试验数字化转型夯实了数字底座。

中国移动5G网络覆盖中国飞机强度所

目前，"5G+智慧航空强度试验"项目已初见成效，每年每型号可减少试验成本300万元，检测效率大幅提高，数据分析时间减少了45%，有效保障了舱内增压以及试验检测复杂环境下人员的安全。下一阶段，中国飞机强度所将在数据处理和应用等方面进行大胆探索与尝试，实现5G+智能管控、5G+AR辅助等应用，大飞机将超越"极限挑战"。

3.2 中国飞行试验研究院：5G 为航空试飞实现"空中加油"

企业简介：中国飞行试验研究院（航空工业试飞中心，简称试飞院）是我国唯一的经国家授权的军民用飞机、航空发动机、机载设备等航空产品国家级鉴定试飞机构，是国家级的飞行试验技术研究机构，同时也是国家"飞机适航认可实验室"。

技术亮点：边缘计算、基于 5G 的工业数据采集、质量检测。

应用成效：试飞数据采集效率实现质的突破，极大地优化了飞行任务安排、缩短了飞行间隔，试飞安全性更有保障。其中，翼载荷强度测试数据获取时长从几年降至四五个小时。

提起阎良，陕西人为之骄傲和自豪。在这里，屹立着一座中国乃至全球闻名的军民融合航空产业基地；在这里，诞生了中国最为先进的运输机、客机和各类军机；在这里，形成了一个从研发、制造、试验到试飞的门类齐全的航空产业体系。

2021 年是"十四五"开局之年，阎良航空产业基地的发展将成为区域经济高质量发展的重中之重。在产业数字化升级的过程中，具有大带宽、大连接、低时延特性的 5G 正成为航空工业互联网升级的重要推手。

2021 年，位于阎良的试飞院和中国移动强强联合，率先在新机试飞领域内探索出了一条行之有效的升级路径。借助中国移动 5G 网络技术，航空试飞实现了"空中加油"，正加速腾飞。

试飞测试借助 5G 的翅膀

中国飞行试验研究院是我国唯一的国家级飞行器、发动机及机载设备等航空产品试飞鉴定、定型、适航取证机构和专门的飞行试验技术研究机构，国内生产制造的商用、军用飞机在正式交付之前，都要在这里进行试飞测试。

据试飞院测试专业总师李宏研究员介绍，在飞机研制的生命周期中，试飞的作用至关重要，试飞过程中产生的数据都需进行汇总、分析、挖掘，结合这些数据，可以对飞机各项性能进行后续的优化和改良，以确保飞机在性能上的安全稳定与可靠，因此，试飞相当于是对新飞机的一次"全面体检"。

飞行试验是非常辛苦且繁重的工作。目前，我国所有的军机、民机，包括直升机以及型号众多的无人机都在试飞院进行飞行试验，试飞强度极大，随着新机型的日益增多，压力陡增，因此急需借助 5G 网络来提高试飞的效率，解决长期以来悬而未决的问题。

5G 助力高效开展试飞

5G 技术完美匹配 3 个应用场景

这些问题主要体现为飞机试飞过程中所产生的数据传输效率低、获取难。有 3 个关键应用场景可以借助 5G 技术实现质的突破。

首先是确保试飞前的数据检测高效快捷且准确无误。每一架试飞的飞机上安装的测试设备有几百台件，需采集的参数可达数万个，过去放飞前全靠人工检查，工作量大，耗时长。引入 5G 技术之后，借助 5G 网络高带宽的特性，可以快速、直接地将试验机的试验数据传入后台管控中心，实现快速检查和集中检查管控，确保飞机正常工作以及飞行参数正确。这样，每天可以确保几十架飞机的放飞检查，放飞效率得到了大幅提高。

另外一个 5G 应用场景是在飞行中，过去一些测试不了的科目，现在

第三章 5G+智慧航空

通过 5G 网络，不仅可以测试，而且测试的周期大幅缩短。比如直升机的旋翼测试，当直升机旋翼高速旋转时，其瞬间产生的数据在过去很难及时获取。现在，通过在旋翼上加载 5G 模组，借助 5G 网络的低时延特性，可以及时地获取这些数据，并且通过 5G 的边缘计算能力，还可以对这些数据进行实时分析，这样就可以高速测量一些关键的飞行数据并获取相关信息。

第三个应用场景则体现在飞行结束后。飞机在试飞过程中，会产生 100 吉字节的试验数据，以前获取这些数据的流程是在飞机上加装记录器，飞机落地停稳断电以后，拔掉记录器上的存储介质，再送到数据中心去做分析，这个过程要耗费 5～8 小时，效率非常低。现在通过 5G 技术，

飞机在从落地前的一两分钟到滑跑的过程中就可以连通5G基站，通过大带宽、低时延的5G网络，快速地将飞行测试数据传输到后台数据中心，整个传输过程半小时即可完成，效率大幅提高。

数据传输效率大幅提高后，极大地优化了飞行任务安排，飞行间隔随之大幅缩短，技术人员也不用加班处理数据了，"可以说，对试飞效率的提高立竿见影，最重要的是安全性也得到了管控，飞机设备出现故障可以及时发现、及时排除"。

没有5G，一等就是几年

事实上，之所以选择5G网络，是因为有些测试工作只有通过5G网络才能高效顺利地完成，并且效率呈几何级数提高。比如，如果没有5G网络的介入，获取翼载荷强度测试数据需要几年时间，而现在仅仅四五个小时就够了。

以前对翼载荷强度进行测量，首先要在机翼上布设几千个应变片，每个应变片下面必须连一根线缆，通过线缆来获取和传输数据。当时，为了获取这些数据，一架飞机身上布满了线缆，仅一个机翼就有上千根，采集数据非常困难，做这个测试需要等待几年的时间。

引入5G技术后，这个问题得到了很好的解决。机翼应变片的数据传输过程不再需要线缆，通过5G网络就可实时进行。因为连接数量比较多，同时应变片稍有变动，数据就必须实时采集到位，所以要求无线传输具备低时延和大连接的特性，而5G网络本身具备的特性恰好可以满足这些测试需求。

另外一个应用场景是飞机的形变测量。在进行飞机形变测量的时候,需要对飞机全身进行扫描。某些大型客机机身庞大,人工手持的终端只能在机身下面绕行一圈,如果从上面扫描,则需要人站到台架上,这样做有两大缺点,一是比较危险,二是人工扫描会产生振动,这对数据的精确性会产生特别大的影响。即使这样,三小时将大型客机机身全部扫描完都算快的,更不用说扫描完之后还要进行后端的数据处理,所花费的时间更长。

应用 5G 技术后,这种测量方式彻底被改变了。测量时,只需要 4～5 台巡检机器车,每辆机器车安装一套扫描测量系统。某辆机器车测出形变之后,及时做出标校,然后和其他车辆直接进行协同处理。借助 5G 的边缘计算能力,可对这些采集到的数据进行分析汇总,然后实时传到后台系统做进一步分析处理,整个过程半小时就可完成。

因为 5G,做到全球前列

5G 不仅深入试飞院的核心生产环节,在一些非生产领域的环节也派上了大用场。

试飞院里的 100 多台机场保障车辆都加载了 5G 模块。这些保障车辆遍布机场,对飞行安全会产生一定程度的影响。通过加载 5G 模组,可以实现对所有车辆的有效调度以及对运营过程的管控,这样不仅可以防止车辆间的碰撞,也进一步确保了试飞过程中的飞行安全。

目前在全球范围内,试飞院对 5G 的应用走在了世界前列。未来,5G

技术的应用将向更深层次延伸，让飞机在万米高空也能通过 5G 网络实现智能连接。可以预见，航空工业在信息通信技术的赋能下，将把中国航空制造的科技硬实力推向更高的维度和更广的空间，实现中国创新的追赶与超越。

第四章
5G+智慧冶金

作为生产原材料的基础工业部门，冶金工业为工业、国防、科研等提供了不可或缺的材料，在国民经济发展中有重要的地位和作用。

面对经济效益、社会效益和生态效益统筹发展的需要，传统冶金企业积极谋求转型，在发展循环经济和建设资源节约型企业方面不断探索。5G与冶金的创新结合，在提升管理水平、降低能耗、加强品控、保障生产安全等方面，发挥出意想不到的作用，走出了一条绿色、智能、现代化冶金的新路。

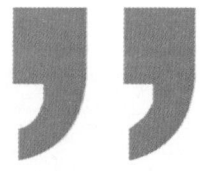

4.1 南平铝业：有色行业 5G 智慧工厂"排头兵"

南平铝业应用视频

企业简介：福建省南平铝业股份有限公司（简称南平铝业）是集铝冶炼和铝加工一体化的国有大型企业，是全国铝型材十强企业、福建省铝行业的龙头企业。公司主导产品为铝型材、铝加工及精深加工，现有铝挤压、铝表面处理、铝加工及精深加工等制造智能化及管理信息化的上百条先进生产线。

技术亮点：数字孪生、能耗管控、AIoT[①]、无人值守应用。

应用成效：通过能耗管理平台应用，每年节约能耗成本 600 万元，减少抄表工 12 人；通过数字孪生智联车间应用，设备联网率从 37% 提高至 86%，信息化管控率从 28% 提高至 74%，检修服务响应时长缩短了 74%。

乘着新基建的东风，南平铝业 5G 数字工厂在数字浪潮中抢占先机，有力地推动了企业数字化转型，入选福建省工业和信息化厅 2020 年度"5G+工业互联网"应用试点示范项目，成为中国移动"5G+工业互联网"标杆应用。

---

① AIoT 即 Artificial Intelligence and Internet of Things，人工智能物联网。

打造有色行业 5G 智慧工厂典范

南平铝业与中国移动南平分公司基于移动 5G 的领先能力，也基于双方的长期战略合作关系，于 2020 年 5 月正式启动南平铝业 5G 数字工厂项目，目标是建设全厂区覆盖、多厂区联动的 5G 精品网络，建设高性能边缘节点，建设与生产实际融合、以提质增效为首要目的的"5G+工业互联网"应用，解决生产痛点，提高生产效率，夯实长期发展的基座。

南平铝业长期致力于工业化和信息化的融合发展，先后被评为"国家制造业信息化科技工程应用示范企业"、福建省"十二五"制造业信息化科技工程应用示范企业。

南平铝业信息化发展的战略目标是打造有色行业 5G 智慧工厂典范，抢占新一轮技术革命推动企业转型的先机，围绕制造企业经营"管理智能化、供应链智能化、生产智能化、设备智能化"四条主线，先行先试包括新一代互联网技术在内的智能制造关键技术。

"作为国有企业，南平铝业积极落实国家智能制造战略，同时加快自身的数字化转型，以提升自身的竞争优势。'5G+工业互联网'是当前数字化建设的最优方向之一，5G 的大带宽、低时延为工业智能化提供了更多的可能。"南平铝业信息化方面的相关负责人如是说。

解决长期痛点，开发智能应用

在长期的信息化建设过程中，南平铝业遗留了一些生产经营的痛点，

第四章 5G+智慧冶金

包括工业数据和生产经营数据 OT 与 CT 融合能力差、工控监控系统烟囱式重复建设现状严重、海量复杂协议的异构设备对接困难、"哑设备"和工控系统安全问题凸显等。

5G 数字工厂建设依托 5G 在组网、性能等方面的优势，结合先进的终端以及定制化的平台开发，率先解决了以上问题。项目实现全厂区 5G 网络覆盖，使用工业级 5G 网关进行设备入网、数据采集、协议解析等能力的升级，解决"哑设备"、协议对接等问题；同时在 MEC 节点上建设统一数据中台，进行实时数据采集、各系统数据融合，统一平台展示，辅助决策。

业务牵引、提质增效、降本增效、减员增效是应用建设的原则。

技术人员现场监测 5G+工业数据的采集情况

南平铝业主要使用电解铝技术工艺，年电费支出达亿元级。在中国移动及合作单位的支撑下，南平铝业建设部署了能耗管理平台。平台使用5G网络和边缘计算网关技术，搭建了集团级能耗管理平台，已经接入2000多台电气水表。该平台最大的效能是在不升级电气水表的情况下，实现低成本、智能化组网，具备组网快捷、采集高效、管理智能、维护简便的优点，将极大地推动公司能源管控变革。利用该平台数据，南平铝业在统计分析的基础上，提供了全厂级能耗治理判据，在数据汇总统计的基础上，提供了预测维护及评判依据能力，从而反馈至现场指导生产作业，辅助计量标准考核，实现了提质增效。该平台应用后，每年节省能耗成本600万元，减少抄表工12人。

在提质增效方面，南平铝业5G数字工厂率先在国内建成挤压机数字孪生应用系统。利用5G、数字孪生等技术，实现工控、工艺、MES、视频监控等多种数据融合，从多数据视角实时展现生产状态，并对数据进行存储，实现了历史生产数据的融合重现和追溯，支撑南平铝业产品的高端化发展。

在减员增效方面，无人化应用部署成效明显。无人地磅系统基于5G边缘计算网关，实时采集地磅称重仪表读数和现场高清视频，通过强大的数据解析与AI视觉处理能力，实时抓取铝型材重量、车牌号及型材类型等信息，并与南平铝业的业务系统对接，实现自动化型材称重和物料追溯管理功能。无人地磅功能的上线，使每班次可减少人员6人，过磅效率提高了400%，错误率降低了70%。

另外，项目还建成AIoT应用开发平台，实现了5G应用的低代码甚至零代码开发。

南平铝业5G数字工厂是新一代信息技术与制造业融合发展示范项目。南平铝业和中国移动也不断致力于发挥标杆项目示范效应、发挥平台优势，把成熟的应用变成产品服务，推广到其他企业，以实现共赢。

4.2 云南神火：5G助电解铝行业"蝶变"

企业简介：云南神火铝业有限公司（简称云南神火）致力于打造高效、低耗、绿色、智能的现代化工厂。开发的绿色水电铝材一体化项目年产能90万吨，采用目前国际上先进且成熟的500 kA系列大型电解槽型和先进的脱硫工艺，能耗控制达到国际一流水平，各类排放物的控制优于国家标准3~6倍。

技术亮点：5G SA、MEC、机器视觉、远程操控。

应用成效：实现危险环境作业远程化，5G感知数据源超1万种，生产流程数据全共享，每年通过减少能耗可节约成本3000多万元，整体生产效率提高10%以上。5G天车远程操控系统改善了天车操作人员的作业环境，单车效率提高了60%。

电解铝行业是典型的流程工业，具有种类繁多、原料来源繁杂、工艺复杂、流程长等特点。在云南神火，5G智慧工厂整体架构已建成，电解铝行业生产的部分难点问题得到有效解决，越来越多的工业设备开始变得"有头脑、更智能、可遗传"。

让工厂有"头脑"

位于云南省文山州富宁县板仑乡的神火铝业,外墙灰白色的厂房远远望去平常无奇,内部却大有乾坤:一套搭载在 MEC 上的工业互联网平台,就像园区的"智慧大脑",控制和存储着工厂的各类系统及生产数据,以实现提高企业生产效率、降低企业运营成本的目标。

当 27 套生产管理系统实现了 5G 的全接入后,云南神火的感知数据源就超过了 1 万种,工业互联网平台用多种通信手段接入不同设备、系统和终端,采集海量数据,实现了底层数据的汇聚处理,消除了应用之间的壁垒。在 5G 虚拟专网的加持下,生产设备的高并发数据得以实时传递,各要素数据积累持续提供给 AI 进行决策,加速了企业的智能创新。

基于 5G SA 组网、云网融合的底座,工业现场部分业务低时延服务和安全隔离的需求得以满足;算力和存储能力部署在厂区,实现了云南神火对数据安全和保密的要求。

偌大的厂区,除了整齐的楼宇厂房和横跨各厂房、车间的"空中走廊",几乎见不到工人。通过智能化系统的部署及数字化电解、铸造车间的建设,相较于传统铝业企业,在同样产能的情况下,云南神火用工人数锐减了 75%,每年节约人工成本约 2000 万元。

让"智慧基因"嵌入每一个生产环节

利用 5G 上行大带宽的特性,云南神火在生产现场部署高清工业相机或激光扫描仪，实时拍摄产品质量的高清图像，通过 5G 网络将其传输至部署在边缘计算中心上的通用机器视觉平台，图像在此进行拼接、统一识别处理，使整个工业机器视觉体系更加柔性化、便捷化。这样的"智慧基因"，已经嵌入空压机视觉抄表、传送带裂纹在线检测、中频炉铁水温度智能分析等生产环节。

走进空压机房，嗡嗡嗡的噪声响到说话声音基本听不清。在这样的生产环境中，5G 网络的优势立刻凸显出来：通过机器视觉自动读取空压机仪表数据，并利用 5G 网络将数据同步回传到监控室，实现数字化集中监控、系统自动报警提示。机器抄表取代了人工现场抄表，不仅提高了工作控制管理效率，还保障了企业的生产安全。

封闭的物料传送带实现了跑偏裂纹视觉监测。在封闭传送管道中安装视频采集设备，包括工业相机、镜头、光源，协同自动清洗、灰尘铝屑处理功能，对管道中的传送带表面进行实时扫描分析，通过 5G 网络传送到机器视觉平台进行 AI 计算。当皮带出现裂纹时，会及时发出警报，通知相关人员第一时间进行处置。

电解铝阳极组装、浇铸铁溶液在 1450 摄氏度时良品率最高。云南神火在厂区安装了工业机器视觉相机，运用专业高温摄像头，对熔炉进行非接触式高温测量，通过 5G 网络将测量数据传送至机房内的机器视觉平台进行 AI 计算，实时显示铁水温度，做到精确控温，确保铁溶液在最佳温度下出炉，阳极浇铸良品率提高了 15%。

这些仅仅是智慧工厂的冰山一角。在堆垛天车作业车间，只见天车起重机械臂一次抓取 10 个原料包，从 A 区域抓取后再运送到 B 区域堆放，两个区域相隔 50 米，整个过程 3 分钟左右就可完成。庞大的起重器械由工程师遥控，操作几乎可以实现零误差。

基于 5G 的光纤应变温度监测系统还实现了电解槽漏液分析。将电耦合测温及光纤应变测温手段接入 5G，实现 0 摄氏度到 1000 摄氏度高温下恶劣环境的在线检测，实现了电解铝生产过程中总数超过 7 万且分布不规则的测温点的数据采集，替代人工巡检，解决了原有通信模式下无法实现超高密度终端接入、布线困难等的难题。

工业相机实时回传超高清图片、监控摄像头接入 5G 网络、高并发数据实时监控……经过两年的创新孵化，越来越多的工业设备具有了"智慧基因"，云南神火园区 5G 网络综合覆盖率超过 99.33%，数字孪生实现了

机械臂自动进行铝锭码垛

由物理到数字的仿真,通过 XR[①]、机器视觉以及 AI 等组件的支撑,形成了包括 5G 电解槽漏液检测、5G 大数据能耗分析、5G 中频炉铁水温度智能分析、5G 天车远程操控、5G 传送带裂纹在线检测、5G 融合定位及 5G 空压机自动抄表七大创新应用,并累计在 82 个场景中落地使用。

让标杆能复制

引入 5G 应用建设智慧工厂后,云南神火的安全生产能力及产品质量有了大幅提升,生产流程数据全共享,每年通过减少能耗可节约成本

---

① XR 即 Extended Reality,扩展现实。

3000多万元，整体生产效率提高10%以上。5G大数据炉况分析系统投产后，结合工厂优化管理，吨铝直流电耗降低约100度，年节电约9000万度；采用5G中频炉铁水温度智能分析系统，实现了铁水温度实时在线检测，提升了电解阳极铸造工艺，使阳极浇铸良品率提高了15%；采用5G传送带裂纹在线检测系统，减少了安全事故的发生，优化了生产效率；采用5G天车远程操控系统，改善了天车操作人员的作业环境，减少了安全隐患，单车效率提高60%；采用5G电解槽漏液检测系统，解决了电解槽阴极钢棒温度难以在线监测的难题，降低了电解槽漏炉的重大安全风险。

作为西南地区重要的电解铝生产商，云南神火开发了90万吨绿色水电铝材一体化项目，这是国家电解铝产能置换转移政策与云南省利用丰富水电资源打造"绿色能源牌"相结合的成果，也是神火集团依据国家政策，采用从河南到云南的内部产能转移方式，投资兴建的绿色、低碳、清洁的可持续发展项目。

2021年，云南移动有色金属冶炼5G融合创新中心入选2021年5G应用产业方阵创新中心（第二批），云南神火铝业5G边缘云有色金属智慧工厂应用在第四届"绽放杯"5G应用征集大赛标杆赛中斩获金奖。而90万吨绿色水电铝材一体化项目关联省部级重大项目5项，拥有相关发明专利20多项，获奖10余项，孵化学术论文60多篇，制定国家、行业标准7项，开创了5G网络集成服务、综合设备、细分场景管理等多种"神火模式"，形成了有色金属冶炼行业可复制、可借鉴的精准云网建设思路。

4.3 武钢：
5G 为钢铁绿色发展注入"新动能"

武钢应用视频

企业简介：武钢集团有限公司（简称武钢）是中国宝武旗下的重要钢铁制造基地，拥有世界先进水平的钢铁生产流程，产品涵盖 7 大类、500 多个品种。公司 100 多项产品获全国和省部级优质产品证书。

技术亮点：5G+钢铁界面智慧管控平台，5G+MES 工业数据采集，5G+智慧行车，高危作业 AI 监控。

应用成效：5G+钢铁界面智慧管控平台使作业人员减少 20%，铁水运输效率提高 10%，每年产生直接经济效益逾 4000 万元；5G+MES 工业数据采集上线后，设备停机发生率减少 20%；5G+智慧行车使用后，设备点检时间缩短 10%；高危作业 AI 监控可自动识别 20 多项高危作业，全面预防各类安全事故的发生。

走进武钢 5G+全连接工厂管控中心，一张巨幕拼接屏实时展现各个厂区的生产作业情况，生产现场的各种监控画面通过 5G 网络实时传输。

在危险作业面，鲜见工人忙碌的身影，火热的钢锭从加热炉出来后，通过去磷、粗轧、精轧等工艺，变成标准的板材，源源不断地通过产线流向仓库。操控间的技术人员目不转睛地盯着计算机屏幕，熟练地通过计算机下发各种指令。不同型号的运输车和机器人在自动化产线、仓库等处各司其职。

高速安全的 5G 网络和领先的 5G 智能网关打通了钢铁生产的各个环节，让不同年代、厂家、型号的设备实现无缝连接。智能化改造让车间实现少人化、无人化，"操作室一律远离现场，高危操作一律机器换人"不再是梦想。

让工厂更智慧

据武钢设备管理部负责人介绍，在中国联通、中兴通讯和中冶赛迪的支撑下，武钢实现了厂区 21 平方千米的专网覆盖，开展了 5G+钢铁界面智慧管控平台的试点。5G+全连接工厂整体解决方案项目落户武钢后，中国联通和武钢设备管理部在两个热轧车间通过宏站 + Qcell 产品方式，无缝覆盖热轧板材的全套生产线，针对热轧车间实现了连铸、粗轧、精轧工艺的全要素生产信息采集、交互和展示，并利用部署在武钢的 5G SA 专网进行硬切片管理，确保网络质量。

5G 融合应用已经在工厂多个生产环节实现提质增效。在铁水罐车智能调度方面，容错编码技术结合 5G 边缘计算数据回传，可确保任何作业场景下铁水罐号牌精确识别，解决了铁水罐罐号跟踪的行业难题。5G+融合定位技术，实现了各种环境下机车位置的实时跟踪。5G+道口安全管控，实现了道口拦木机自动控制，道口视频上传机车，可保障司机驾驶通行安全。5G+设备状态在线监控,实现了机车传感器数据实时上传,通过5G自动下发机车调度工单,实现了铁水罐车智能化调度。操控人员通过5G吊钩可视化和远程控制技术,实现了远程操控和智能调度。5G连接摆脱了线路的束缚,节省了技术改造的时间,降低了成本,所有生产设备都可以随时随地接入网络,满足了武钢特殊生产场景的需求。

随着生产规模的不断扩大,安全生产和能源环保管理的需求也日渐增多,高危作业、设备检修、能耗和环保监测越来越受到重视。武钢利用5G和AI技术,进行高危作业的智能识别。高危作业人员在上岗前,AI监控自动判断作业人员的防护措施、设备是否到位,实时监控设备状态信息,判断关键点位的设备是否处于安全状态;操作合规智能监测平台自动判断人员操作是否有误;5G+智能头盔系统帮助实现专家远程作业指导,随时随地解决现场问题。

武钢工程师在操控后台应用服务器集群

第四章　5G+智慧冶金

在能耗和环保监测领域使用 5G 技术后，新建的大气、水资源的采集点位不需要布线，即可直接进行采样工作，极大地提高了工作效率。工作人员可以实时进行大气和水资源的监测，满足了实时性、灵活性的要求。武钢集团方面表示，今后将把 5G 网络下的能源环保应用从工厂内拓展到整个工业园区和专用码头、港口。

让样本间变成标准间

低碳环保、绿色发展已经成为全球化课题和国家级战略。钢铁工业是能耗和碳排放大户，但工业设备的数字化和连网率偏低。设备互联互通困难，难以统一管控，是工业企业数字化转型的一大痛点。

武钢 5G+全连接工厂的实践证明，5G 在钢铁行业的融合应用拥有巨大的发展空间。企业可以利用 5G 网络大量获取工厂生产实时运行数据，通过大数据和 AI，提升产品质量、降低成本、节能减排、优化决策。在安全生产方面，5G+AI 识别将高危检修工作变得更加安全，减少了安全事故和人员伤亡。在节能减排方面，5G 融合应用的落地，减少了吨钢能耗，提升了企业效益，降低了碳排放。

宝钢股份武钢有限 5G+全连接工厂的创新应用与实践项目摘得第四届"绽放杯"5G 应用征集大赛湖北区域赛一等奖。中国联通和武钢在"5G+工业互联网"方面的合作，是 5G 智慧钢厂建设的典范，也是工业互联网创新的一张名片。依托 5G 专网超大带宽、超低时延的网络特性，并结合云计算、大数据、AI 等技术，5G+AR 眼镜远程维护、5G+无人机智能巡检、5G+工业热成像钢铁应用等进入开发调试阶段，有待快速上线使用。

5G 为传统冶金行业带来巨大变革，为钢铁企业的节能减排和转型升级注入了更多活力，提供了绝佳机遇。武钢 5G+全连接工厂打造出了可复制、可推广的 5G 智慧钢铁模式，以智慧驱动钢铁，推动全价值链绿色低碳发展。

第五章
5G+智慧煤矿

生产环境恶劣、地质条件复杂、安全形势严峻，一直是阻碍煤炭行业高质量发展的重要因素。煤矿智能化转型是大势所趋，而一系列的政策支持也让智能化方向更加清晰。2020年2月，国家发改委、工信部等八部委联合印发《关于加快煤矿智能化发展的指导意见》，提出到2025年，大型煤矿和灾害严重煤矿基本实现智能化；到2035年，各类煤矿基本实现智能化。《全国安全生产专项整治三年行动计划》明确提出，从2020年到2022年，用3年的时间，增加至1000处煤矿智能化工作面。

5G已经快速融入煤矿智能化升级的进程，在综采工作面远程控制、视频监控、井下调度、机器人巡检、设备管理等方面，发挥关键作用，并产生了显著的经济效益和安全效益。

5.1 榆北煤业：
5G 成为新时代"智慧矿工"

企业简介：陕西陕煤榆北煤业有限公司（简称榆北煤业）隶属于陕西煤业化工集团有限责任公司，下辖小保当矿业有限公司、曹家滩矿业有限公司，肩负着陕北榆神矿区小保当一、二号及曹家滩矿井、尔林兔千万吨级矿井群的建设任务。

技术亮点：综采工作面远程控制、5G 智慧监控、机器人智能巡检、无轨胶轮车无人驾驶等。

应用成效：智能化采煤让生产工效提高了 30% 以上，不仅提高了产品质量和产量，而且大幅降低了工人的工作强度。通过陕西省能源局煤炭处智能化煤矿建设验收后，实现了当年投产、当年达效，创造了煤炭行业智能矿井建设集成系统最多、融合程度最强、劳动效率最高的纪录。

如今的陕西榆林，"电信蓝"与"资源金"融合碰撞，绽放出耀眼的火花。5G 高带宽、大连接、低时延的技术特性，完美契合了传统煤炭产业的数字化转型需求，5G、AI、大数据等新一代信息通信技术的应用为煤炭行业的发展提供了新动能。

"掘进作业面的视频画面可通过 5G 传输并进行 AI 智能分析，综采工作面远程控制，一键有序启停综采相关设备，智能化火车站 43 秒即可完成一列货运车厢的无人装车,依托井下32个5G基站建设了无人车辆系统……"谈起投入生产实践的5G应用,榆北煤业小保当煤矿相关负责人如数家珍。

在小保当煤矿智慧调度指挥中心,综采工作面摄像头采集的高清视频画面在调度指挥中心的大屏上实时显示,结合人工智能分析技术,平台可自动实现安全帽检测和人员统计,在识别到人员离岗、传送带人员入侵等异常行为后会发出安全警报。另外,井下采煤机等设备的实时状态数据和

小保当煤矿智慧调度指挥中心

第五章 5G+智慧煤矿

控制指令也可通过 5G 网络进行传输，由此基于混合云平台实现远程集控功能。

2019 年，针对小保当煤矿一号矿夹矸与片帮并存的复杂地质条件，陕煤集团会同榆北煤业及所属小保当煤矿等单位，联合研发了适宜矿区复杂地质条件、具有自主知识产权的护盾式掘进机器人系统。该系统由护盾式截割机器人、钻锚机器人、锚网运输机器人和电液控平台等组成，适用于矩形大断面煤巷掘进，具备掘进定位导航、位姿自动纠偏、自适应截割、轨迹跟踪、环境多参数智能感知、设备状态在线监测与故障诊断等特点。

"护盾式掘进机器人系统虽然对巷道围岩以及顶底板的要求比较高，但在掘进过程中一次成巷的快掘快支，可有效保证巷道的成型质量。"在小保当矿业有限公司一号矿 112204 智能快掘工作面远程操作室内，技术员李佳鑫介绍道，"不仅如此，地面生产调度指挥中心还可以远程控制 300 米外的井下智能快掘设备。"

从智能无人值守的矿井入口进入，双向通行的巷道灯火通明，每隔 200 米安装有一座 5G 防爆基站。坐落在井下 300 米左右的中央变电所承担着井下所有电器设备的供电工作。设备大厅中，5G 巡检机器人往来穿梭，收集各项数据指标以供分析。据小保当煤矿智慧矿山管理室主管刘庆新介绍，5G 巡检机器人每 20 至 30 分钟即可对所有设备完成一次巡检工作，发现设备异常、有毒有害气体超标，会第一时间发出告警，为安全处置抢得先机。

在中央变电所外，智慧化候车点格外引人注意。据了解，矿工刷卡进入打车操作界面就能实时查询井下车辆的分布情况，向车辆调度中心发出叫车申请，中心会根据实时车辆的位置和乘车人信息，安排最近的车辆接单，提高井下车辆的使用效率，减少车辆空跑和积压的问题。这套系统被矿工兄弟亲切地称作"井下滴滴"。

小保当5G+智慧矿区示范项目中的子项目——精准定位及无人驾驶应用是由榆北煤业联合中国电信陕西分公司与慧拓智能机器有限公司开展的一次科研创新实践，旨在形成全面智能运行的小保当煤矿智慧系统。

2021年8月，在小保当煤矿副斜井井口至副斜井2联巷处，一台19人无轨胶轮车平稳实现了长距离、全工况的无人驾驶。在调度中心内，应急接管人员安全实现了应急接管座舱对人车的远程行驶控制，圆满地通过了阶段性测试。

矿井巷道里的5G基站

这次测试分为地面调度中心的远程应急接管座舱、井下无人车内外视角展示与下井升井的无人驾驶演示。在下井升井的无人驾驶演示中，选取了1号副斜井入口至副斜井2联巷的路线作为行车路线，此路段为持续坡度为6度的斜坡，包含两个转弯路口。

据工作人员介绍，该项目基于现代智慧理念和5G关键技术，将物联网、云计算、大数据、人工智能等与现代煤矿开发技术深度融合，旨在形成小保当矿区全面感知、实时互联、分析决策、动态预测、协同控制的完整智能系统。

下一阶段，该项目将对车规级定位、动静态避障、全局路径规划、轨迹管理等算法进行持续调试与优化。同时，该项目还将继续优化适应井下复杂环境的无轨胶轮车无人驾驶技术，结合精确定位技术和智能路侧单元等基础设施支撑，实现井下速度不低于20千米/时的常态化运行，为井下提供上下班人员接送以及自动送餐、送料等服务。

5G关键技术与现代煤矿开发技术的深度融合，让小保当煤矿实现了生产全过程的智慧化运行。中国电信以出色的云网融合实力、行业赋能优势，打造了"智能+绿色"的煤炭行业新体系。

5.2 台头煤矿：
5G 为煤炭综采转型带来新愿景

企业简介：山西乡宁焦煤集团台头煤焦有限责任公司（简称台头煤矿）是乡宁县地方国有制企业。该矿井规模达 120 万吨 / 年。台头煤矿的工作面是全国领先的井下 5G 智能综采工作面。

技术亮点：综采工作面 5G 无线全覆盖、工作面 5G 高清监控系统、液压支架 5G 远控、采煤机 5G 远控。

应用成效：采煤工作面原来有采煤机司机、运输机司机、皮带机司机、装载机司机、泵站司机、支架支护工等工种，智能化升级后主要依靠顺槽集控中心操作人员与现场巡视工完成工作；综采工作面原本一个生产班有 15～25 人，智能化升级后，减少到 6～10 人。

煤矿智能化建设是煤炭行业转型的重要方向，对推动我国煤炭工业高质量发展、促进生态环保工作有重要意义。近年来，我国煤矿业智能化的发展脚步不断加快，已建成 300 多个智能化工作面。然而，目前我国煤矿智能化建设仍处于初级阶段的状况没有发生根本性转变，不少煤矿总工程师直言，"还不敢让其常态化地进行远程控制"。

煤炭行业转型发展，渴望新技术、新手段、新模式，那么在 5G 新基建技术条件下，怎么转型？以怎样的方式来转型？台头煤矿在中国联通

第五章　5G+智慧煤矿

5G 技术的加持下，着手打造智能矿山项目，给出了更多答案。

让"少时则安、少人则安"成为现实

采煤设备准备就绪，点击鼠标一键启动，系统自动发出语音提示。通过大屏幕可以清楚看到，数百米深的井下，割煤、推溜、运输等装备有序开启，强力胶带运输机将滚滚"乌金"送出井口。采煤不下井，"蓝领"变"白领"——这是台头煤矿智能化工作面的运转景象。

风险高、条件差、用人难、功效低等一直都是煤炭行业生产难以避免的问题。煤矿智能化转型，是新时期推动能源科技创新、培育转型升级新动能、激发能源革命新活力、实现煤矿高质量发展的战略任务和必由之路。

以往，煤矿的作业环境非常恶劣，长期在井下的工人们常患有呼吸道疾病。采煤过程中，需要工人对综采工作面设备进行手动开关操作，人力投入比较大，危险系数也比较大。本着提升煤矿智能化水平、加快智能煤矿建设步伐的目的，台头煤矿根据矿井的实际情况，与中国联通达成深度合作，利用 5G 技术，以其大带宽、低时延、大连接的特点，以及拥有的较高的下行速率和上行速率，实现对综

工作人员在井下调试 5G 基站

采工作面的综采设备可靠、高速的网络连接，对综采设备进行实时监测和自动控制，实现了综采工作面的全自动化开采。

"5G+智能综采工作面"项目对设备远程控制等关键环节进行了创新改造，使"5G+工业互联网"融合应用的深度和广度在煤矿这一特殊场景下有了开创性的拓展。联通（山西）产业互联网有限公司相关负责人表示："5G设备下井，从根本上解决了传统网络技术难以满足井下高危环境、恶劣环境、移动生产环境、生产现场环境多变，战线长，设备及传感器数量庞大，用人多等问题。"

系统越智能，则效率越高。自启动综采工作面自动化开采以来，台头煤矿综采工作面一个生产班从原有的15～25人减少到6～10人。智能化升级后，人员效率提高了数倍，真正做到了减员提效、安全生产，让"少时则安、少人则安"成为现实。

第五章　5G+智慧煤矿

智能化建设实现系统创新

台头煤矿的"5G+智能综采工作面"项目成为推动煤矿智能化建设和行业高质量发展的重要探索。综采工作面，全称为综合机械化回采工作面，是指拥有液压支架、大功率刮板输送机、双滚筒采煤机的回采工作面。综采工作面是现代化煤矿生产的主要环节，也是煤矿生产中设备最多、环境最恶劣、工作最复杂的系统。以往没有采用5G技术时，综采工作面大多通过有线网络将各个相关设备连接在一起，实现彼此间的数据通信。

为了实现5G对台头煤矿智能综采工作面的改造，中国联通在工作面部署了"一个核心控制系统+九个子系统"，并针对综采设备的控制系统进行改造。据中国联通5G+智能矿山项目的负责人介绍，整个综采工作面的智能控制成套装备可以看作一个大型的采煤机器人，其核心控制系统——综采工作面自动化顺槽集中控制系统就是它的大脑，通过操作人员的人机交互实现采煤指挥、井下调度、一键启停采煤工作，并监控采煤工作面的设备运行情况。九个子系统可以看作采煤机器人的四肢，实现对各个综采工作面运行设备的远程控制，操作人员在井上、硐室等更加安全的位置操控系统。5G网络是一条"高速公路"，负责高速、可靠地将指令传送给安装在采煤机上的控制器，控制采煤机的工作，将采煤工作的操作端拉远到综采面，在一定程度上保障了工人的生命安全。

煤矿智能化建设是一个复杂的系统工程，需要将其他行业现有的、成熟的智能技术在煤炭生产领域进行转化与应用。台头煤矿"5G+智能综采工作面"自主创新项目从矿井实际出发，采用先进、可靠、实用的技术与装备，新增采面5G无线通信系统，优化了矿井现有采掘设备以及工作面自动化控制系统，为矿井的安全、高效生产创造了条件。

"5G+智能综采工作面"项目的行业影响力持续提升，体现了台头煤矿五个方面的"优越性"：一是实用性，使系统的功能尽可能地完善并充分加以利用，易于维护；二是可靠性，针对煤炭工业对安全生产的特殊要求，选用高可靠设备，以确保系统的稳定运行；三是先进性，采用国际上先进的5G通信技术和自动控制技术，针对场景的网络切片和控制算法进行融合；四是开放性，遵循有关国家标准和行业标准，公开各种通信协议接口，系统间具有良好的互联、互操作能力；五是整体性，系统设计时充分考虑各个系统之间的相互关联及整合，尽可能提高系统的整体利用效率。

"5G+智能综采工作面"项目为台头煤矿实现智能化转型带来了颠覆性变革。目前，公司规模达20万吨/年，示范带动了煤炭产业链整体质量效益的提升，智能化体系已现雏形。未来，台头煤矿将继续深耕行业痛点，致力于打造一批智能化示范矿井，通过示范带动作用，促进煤矿智能化建设向纵深发展，为推动煤炭产业转型升级和高质量发展做出更多贡献。

作为全国领先的井下5G智能综采工作面，"5G+智能综采工作面"项目在煤矿最复杂的采煤工作面开启了智能化建设的序幕，为"少人和无人矿山"建设提供了重要的实践价值。目前，该项目已经进入规模化推广阶段，这一新技术的变革标志着中国联通走在了5G+智能矿山垂直领域的前列。

第六章
5G+智慧港口

作为全球交通运输的重要枢纽,港口是促进国际贸易和区域发展的关键。交通运输部2021年8月印发《交通运输领域新型基础设施建设行动方案(2021—2025年)》,将智慧港口建设列为主要任务之一。对处在转型发展关键期的港口业来说,智能化改造是共同的诉求,智慧港口是新的风口。

以5G为代表的高新技术赋能传统航运枢纽,让港口效能得到飞跃式提升。5G+智慧港口建设深入港口运营的各个板块,实现了港机远控、自动驾驶、智能集卡等场景的应用,在提高自动化水平、提升安全生产能力、降低物流成本等方面发挥了重要作用,是对传统港口运营模式的革新,成为港口实现转型升级的重要抓手。

6.1 天津港：
"万能之钥"解锁世界港口难题

企业简介：天津港（集团）有限公司是一家国有特大型交通运输企业，与世界上 200 多个国家和地区的 800 多个港口保持航运贸易往来，连续多年跻身"中国企业 500 强""天津市优秀企业"之列。2020 年，天津港的集装箱吞吐量突破 1835 万标准箱。

技术亮点：2.6 GHz+700 MHz 双频段 5G 专网、5G+北斗高精度定位、无人集卡远程驾驶等。

应用成效：建设了高效、安全、低碳的全自动化集装箱码头，攻克了水平岸线传统集装箱码头自动化改造这一世界港口难题，生产效率提高了 20%，人员配备减少了 60%。

百里港湾，车来船往。集装箱自动装卸、集卡自动行驶、货物自动管理，在天津港这个北方重要综合性大港、"一带一路"海陆交汇点，集装箱码头作业流程在现场空无一人的情况下行云流水地进行着。"5G+工业互联网"能与港口碰撞出怎样的火花？天津港集团携手中国移动天津公司给出了创造性的答案。

无人集卡自动装卸集装箱

让港口"活"起来

当前，传统集装箱码头面临劳动力成本高、劳动强度大、人力短缺等难题，自动化改造已成为全球港口共同的诉求。与此同时，5G、人工智能、大数据、物联网、自动驾驶等新兴技术的日趋成熟为港口自动化提供了新的动力。为了将天津港打造成世界一流的绿色、智慧、枢纽港口，输出智慧港口的"中国样板"，天津港集团依托 5G 网络，在 C 段集装箱码头构建了以"5G 行业专网＋北斗高精度定位网＋车路协同网＋智能管控平台＋N 大应用场景"为总体架构的工业互联网平台。改造后的码头如同安上了一个"超级大脑",一下子"活"了起来。

打造全自动化集装箱码头,高度精准、安全可靠的定位是首要前提,这是因为一切港口设施和作业流程的自动化都需要一个强大、精确的"准星"。在这一点上,5G 与北斗的强强联合当仁不让。通过在港口部署 2.6 GHz+700 MHz 双频段 5G 专网,天津港 C 段集装箱码头实现了 5G 网络的全面、深度覆盖。利用 5G 网络高速率、大带宽、低时延、大连接的特性,北斗高精度定位数据被快速、实时、不间断地传输至各类智能设备上,使这些设备能够做到"令行禁止"。同时,北斗高精度定位技术将港口区域定位精度提高至动态 5 厘米,满足了智慧港口的无人驾驶、智能化吊装、自动化闸口等自动化应用对高精度定位的要求。

在 5G+北斗高精度定位的保驾护航之下,天津港 C 段集装箱码头依托车路协同网,成功地实现了无人集卡远程驾驶。远程操控室内,车辆的位置、速度、姿态、加速度、角速度等运动信息及感知信息都被精准实时地呈现在智能管控平台上,辅助无人集卡动作决策和自主驾驶。无人集卡远程驾驶系统主要具备规划决策与调度运营、全景信息服务、高动态信息服务三大核心能力。规划决策与调度运营可对无人集卡的全局和局部规划决策与行为进行预警,同时面向具体场景进行智能调度。全景信息服务通过汇聚环境端、车端、行人端的传感数据进行感知融合,实时输出局部交通系统全景数据,为无人集卡提供全景信息服务。高动态信息服务通过路侧感知设备、边缘云等基础设施,为自动驾驶提供低时延和高可靠的高精度地图、动态交通信息以及高动态融合感知全景数据。这种车路云协同设计大大提升了车辆之间的感知协同能力,即便是在十字路口等车辆较多、协调环境复杂的场景下，也可以做到让车辆井然有序地通过。

而在另一端，港区内无人集卡车身搭载的高清摄像头实时拍摄车身周围的环境，以便远程驾驶操控室内的工作人员对车辆的行驶环境进行判断。同时，通过在车身部署 5G 云控网关、5G 智能天线等，将车辆远程驾驶过程中的网络和接入设备参数实时传送至智能管控平台，帮助对车辆远程驾驶进行网络监管。这样的设计优势在于，一旦某辆无人集卡出现故障，在不影响其他车辆作业的情况下，可以通过远程驾驶让故障车驶离作业区，大幅降低了工作人员的进场概率，提高了港口的工作效率，保障了人员安全。此外，车端设备的高度集成有效地减少了故障节点，安装和运维更加方便快捷。

基于 5G、北斗高精度定位、AI 等新一代信息技术，智能管控系统还搭载了 5G 智慧闸口、5G 智能理货、5G 自动化垂直装卸、5G 无人水平运输、5G 智能化拆解锁等应用场景，实现了集智能设备、智能操作、智能决策、智能管理于一体的全自动化智慧港口解决方案，成功打造了一条高水平全自动化集装箱码头作业链。

解锁世界港口难题的"万能之钥"

传统集装箱码头自动化改造何以被称为世界港口难题？究竟难在哪里？正所谓"一张白纸好画图"，新建码头可以有全新的设计，然而传统集装箱码头的自动化改造面临许多既有条件的制约，其中一个主要的难点就是传统集装箱码头整体被设计为水平岸线结构，但目前适应全自动化的

第六章 5G+智慧港口

码头通常采用垂直岸线设计。如何让水平岸线的传统集装箱码头搭载上"智慧"的快车?"5G+工业互联网"成为解锁这个难题的"万能之钥"。

在智能管控平台的总体指挥调度下,天津港 C 段集装箱码头的一切作业设施齐齐"改装上阵",以适应水平岸线的设计向自动化改造"看齐"。通过 5G+北斗精准定位和车路协同技术,天津港集装箱码头无人集卡以水平岸线规划路线,配合双悬臂自动化轨道吊,成功实现了单小车桥吊小车一对多、平行轮胎吊和轨道吊堆场全自动化、低成本的无人集卡车队水平运输,并建设了地面集中智能化集装箱拆解锁站系统以及基于新一代集

技术人员检查无人集卡通信设备

装箱码头的智能管控系统。天津港 C 段智能化集装箱码头采用的这种工艺更贴近传统的人工码头，具有应用范围广、智能化程度高、运营效率更优、投资成本更低、绿色发展更佳等优势。

在 5G 与工业互联网融合的加持之下，天津港成功攻克水平岸线传统集装箱码头自动化改造这一世界港口难题，方案轻量化可复制，相比传统码头，生产效率提高了 20%，人员配备减少了 60%。该方案适用于 95% 的传统码头改造升级，开创性地探索出了一条智慧港口建设新路径。

6.2 妈湾港：5G"入海港"实现从创新试点到产能放量的跃升

企业简介：深圳妈湾港地处前海蛇口自贸片区，是招商局集团招商港口深圳西部港区的重要组成部分之一，由传统作业码头和新建中的自动化码头（海星港）两部分组成，是招商局集团"海上丝绸之路"的桥头堡。

技术亮点：5G"三双"（双平面、双路由、双备份）网络技术、5G无人集卡、港机远控、智慧巡检、智能理货等。

应用成效：在国内首次运用移动5G"三双"网络技术，实现了5G无人集卡场景的规模化运营，港机远控、智能理货、智慧巡检等多项5G业务提速增效明显，顺利地从创新试点阶段跃入产能放量阶段。

在装卸集装箱的巨型岸桥上，看不到工作人员的影子；在穿梭于港区的智能拖车里，原来的驾驶员坐在副驾驶座，成为安全员的他双手不用放在方向盘上……这些场景已经在深圳妈湾港成为现实。

以5G技术为数字化底座，深圳妈湾港高标准地建设了粤港澳大湾区首个5G智慧港口，实现了5G应用在港口行业全业务场景的落地。

5G技术为何"牵手"港口新基建

港口作为现代交通运输的重要枢纽，在经济发展中起着举足轻重的作用。效率对港口业的发展至关重要，对港口和货主来说，时间就是金钱。货物在港口的等待或装卸时间每增加一小时，都会增加货主的成本，转运效率低意味着直接的经济损失。加强信息化建设、实施自动化改造，是港口提升货物运转效率和自身竞争力的重要路径。

在5G解决方案出现之前，港口主要通过光纤、Wi-Fi等方式进行网络连接，不仅建设成本和运维成本高、稳定性与可靠性不足，而且对已在运行中的传统码头来说，很多区域还无法进行网络部署。5G与边缘计算等新技术为港口自动化、智能化提供了最佳连接方案，为"智慧港口"建设注入了新动力。

妈湾港是招商局集团"海上丝绸之路"的桥头堡，5G基站的建成、开通，让智慧化的应用场景得以在妈湾港实现，解决了港口现场作业风险大、安全隐患高、人员招募难等问题。2019年，招商港口联合中国移动、华为等合作伙伴成立了5G智慧港口创新实验室，全面启动5G妈湾港智慧港口项目建设。5G智慧港口创新实验室不仅是技术研发场所，汇聚了华为、中国移动等企业开展港口环境下5G技术和解决方案的测试和研究，同时也是一个"5G+"多场景应用的联合创新场所，将5G、自动驾驶、北斗定位、AI、工程机械远程控制、物联网、数字孪生等多种技术融于一体，研发和探索设备远程控制、无人集卡、无人机、智能理货、智慧安全管理等五大应用，铺就了一条现代化、信息化、智慧化港口的发展之路。2020年8月，妈湾港进行了5G专网商务合同在港口行业的首签，并完成了5G专网建设和应用场景测试的验证和成果发布。2021年6月，妈湾港的5G场景持续深化运营，实现了5G无人集卡场景的规模化运营。

5G赋能推动港口智能化转型升级

5G与港口作业深度融合，需要一张好用且稳定的网络。妈湾港采用中国移动2.6 GHz+4.9 GHz双频组网方式，并下沉UPF至港区，实现了大湾区首个港口5G专网落地，打造了国内首个5G"三双"（双平面、双路由、双备份）网络以支撑港口多业务的平稳运行，实现了全链路业务级性能监控，全方位赋能港口智慧运营。

没有5G就没有规模化无人集卡。当前38台无人集卡将时延控制在15毫秒内，自动驾驶集卡与自动驾驶集卡车队调度系统链接，将集卡作业现场视频、车辆行驶状态等运行数据实时传输到5G智能操作中心。未来将实现一名安全员在5G智能监控驾驶舱内同时监控5台自动驾驶集卡。5G智能监控驾驶舱根据安全员的指令调度自动驾驶集卡运输，自主监测自动驾驶集卡的运行状态，出现车辆状态异常时，利用AI和大数据技术智能分析实时监控平台数据，评估异常等级、定位故障，及时弹窗提醒安全员介入处置异常。结合车路协同态势感知系统，自动驾驶集卡定位精度达±5厘米，实现了精准停车、拉链式通行。此外，通过打造"5G专网+自动驾驶集卡车队调度系统+纯电自动驾驶集卡"模式，代替人力驾驶传统柴油牵引车，也有效减少了港口的废气污染。

无人集卡智能监控驾驶舱

港机远控 5G 应用场景实现了后端控制台一对 3～6 台龙门吊的远程操作，工作人员通过系统判定操作并下发控制命令，极大地改善了人员工作环境，降低了生产安全风险。妈湾港是大湾区传统轮胎吊改造起步最早、成本最低、规模最大、操作量最多的远程轮胎吊码头，参与了国家轮胎式龙门吊远控改造标准的编制，它的改造是国内传统轮胎吊升级远控操作码头的经典案例。

5G 网联无人机巡检使得单名飞手即可完成巡检操作，这为港口船舶靠泊监测、岸桥设备巡查、堆场巡查等工作提供了助力，巡检时长从 6 小时缩减至 20 分钟。在该应用场景中，移动 5G 专网的垂直覆盖能力结合中国移动哈勃一号模组，真正实现了无人机 5G 网联化。5G 智能理货通过部署在岸桥的 5G 高清球机，保障智能集装箱作业识别系统实时获取视频流信息，利用 AI 实现箱号自动识别、箱体残损鉴别等，单箱理货时长从 20 秒减少到 2 秒。

接下来，5G 妈湾智慧港项目将坚持科技引领，紧紧围绕 5G、招商芯、招商局港口 ePort[①]、北斗定位等九大智慧元素，助力港口操作智能化、物流服务电商化、企业管理平台化，提高港口运营效率，推动建设"绿色、低碳、智慧"型港口，打造"安全、稳定、经济、高效、智能"的世界一流智慧港口，助力深圳加快建设中国特色社会主义先行示范区，助推粤港澳大湾区融合发展。

---

① ePort 即 Electron Port，电子口岸。

6.3 南京港：5G+MEC+AI 助力港口安全生产

企业简介：南京港（集团）有限公司（简称南京港）现有八大港区、码头泊位78个，年货物吞吐量在长江港口企业中居第一位，主要从事石油化工、煤炭、矿石、件杂货、集装箱等货种的港口物流服务。

技术亮点：5G+MEC+AI 智能监测。

应用成效：利用 AI 技术主动智能识别和区分人、事、物，一旦发现异常情况或者突发事件，实时报警，极大地降低了安全风险，提升了码头作业综合效率，节约了监管人工成本。

生产安全管控是港口运行管理的重点，同时也是难点。港口工作环境中兼有船、车、人、重型机械等多种生产元素，工作环节多，作业环境复杂。传统视频监控过于依赖人工，管理风险问题突出。

南京港与中国联通在 5G 领域的合作，为解决生产安全管控难题提供了切实可行的方案。中国联通自 2019 年起，在南京港江北集装箱码头 5G NSA 网络建设实现全覆盖的基础上，有序嵌入数字对讲、高清视频回传、港机边缘设备接入等 5G 融合应用；2021 年搭建了 5G+MEC 行业虚拟专网，用于验证港区龙门吊远程控制、门机上下行通信等低时延、大带宽业务承载。同时，中国联通在边缘平台上部署自主研发的"智慧港口

AI 平台",针对性地实现了作业现场生产安全智能监测,以 5G+MEC+AI 技术强力支撑了港口的安全生产。

港区视频监控

智能化监测手段多样

港区工作具有流动分散、操作复杂、人机交叉、点多面广、昼夜连续作业等特点。"人工监看海量视频难度大,长时间容易疲劳,导致安全问题的发现不够及时,难以实现全面实时监管、安全风险提前预防和实时预警,管理风险问题突出。"南京港相关负责人表示。

依托中国联通 5G 专网,南京港利用计算机视觉技术监测港区内各类交通违规行为并实时预警。车辆超速、车辆逆行、车辆违停、行人不走安全通道、车辆违规掉头、临时停车超时等行为均逃不出遍布港区的交通智能识别监测的"慧眼"。据了解，该监测系统对违规事件识别的准确率超过95%，速度测量误差小于3千米/时。

港区内，中国联通通过增加摄像头、激光雷达、智能分析控制模组等，对叉车进行了智能化改造。"改造后，我们可以实时监测叉车前后作业路径一定范围内是否有人，一旦发现有人，立即预警。"南京港工作人员介绍道。

智能化改造还应用在龙门吊上。基于中国联通5G+MEC行业虚拟专网，南京港通过摄像头、激光雷达等多源融合方式对整个龙门吊作业过程进行监控。一旦识别到异常情况，监控系统可实时告警。此方案在一定程度上规避了因摄像头易受干扰而诱发的漏检风险。智能化改造后，系统更灵敏、更稳定、误报率低，把异常生产事件对正常作业的影响降到了最低。

AI赋能效率升级

基于中国联通的5G行业虚拟专网与自主研发AI平台，南京港江北集装箱码头目前可对17个涉及生产安全需求的作业场景进行AI识别与安全预警，每年可节约港区安全风险成本近3000万元。相比传统部署方式，该项目一次性节约建设成本约1500万元，节约监管人工成本600多万元，使码头作业综合效率提高了近20%。

第六章　5G+智慧港口

龙门吊作业过程监控

　　5G 行业虚拟专网与自主研发 AI 平台的结合，致力于解决港口核心生产安全问题，其核心算法在业界实战比拼中位列前茅。中国联通 AI 项目团队是撑起辉煌"战绩"的中坚力量。据中国联通的工作人员介绍，"为有效构建底层算法逻辑，精准匹配港区生产作业流程，联通 AI 项目团队长期驻扎港区，主动向港区师傅学习，熟悉港区生产管理和工艺流程"。

　　南京港基于 5G+MEC+AI 的改造项目竣工上线后，树立起南京港港口物流服务领域的标杆形象，巩固了南京港区域水运物流的枢纽地位，助力南京港实现了港口转型升级和企业提质增效。

　　目前，中国联通在 AI 领域已拥有 40 多项自主研发能力，其中 2D/3D 场景分割、场景文字识别、人脸识别、音频分类、情感识别、交通路况感知等多项算法在国内外评测中排名前列。面向细分行业领域，中国联通在超过100例真实场景实践的基础上，打造了多种具备"职业技能"的细分行业AI；同时，充分发挥禀赋优势，构建了用户可参与的AI运营成长机制，实现了细分行业AI"越用越聪明"。

第七章
5G+智慧民生

作为新一代信息通信技术,5G自商用以来,已经融入工业、能源、物流等各个领域,发挥了重要作用,为经济社会数字化转型和数字经济的蓬勃发展开辟了新路径、提供了新引擎。

同时,5G作为满足人们移动通信需求的重要技术,承载了大众的期盼,在信息消费升级、社会民生服务等领域有广阔的应用空间。5G与大型演出的融合,开创了一种全新的艺术呈现模式;5G+智慧医疗的深入推进,在院前急救、远程医疗等领域实现突破……5G+智慧民生聚焦大众关注的问题,破解堵点、难点,以全新的技术手段和创新应用,让民众有更多的获得感和幸福感。

7.1 咪咕公司：
打造 5G+主流文化传播新引擎

企业简介：咪咕文化科技有限公司（简称咪咕公司）是中国移动面向移动互联网领域设立的专业子公司，负责音乐、视频、阅读、游戏、动漫五大数字内容运营，同时深耕互联网体育、演艺等垂直领域。咪咕公司在服务个人客户领域推出"五新"业务，打造了5G"云赛场""云演艺""云演播"等新模式，旨在为广大用户带来5G时代全新体验。

技术亮点：5G即时电影拍摄、5G+4K超高清、5G边缘计算视频专网、5G背包、6K数字校准技术、360°"子弹时间"。

应用成效：全球首创的"戏剧表演5G即时电影拍摄"技术，拓展了5G技术在传统文艺演出和舞台艺术方面的应用空间；大型演艺现场部署超低时延5G边缘计算视频专网，对5G背包进行端到端适配性改进，将4K高清视频信号的采集、处理、呈现时延减少了80%；首次使用超级"子弹时间"技术，6K的RAW序列画质让画面更加清晰细腻。

5G带来的不仅是信息通信技术的升级，还有赋能千行百业的"数智化"变革。作为新媒体国家队，咪咕公司依托中国移动5G先发优势，在文体产业领域破浪前行，截至2021年8月，已开展超过50次全球或行业首场 5G+4K+XR 直播实践。在庆祝中国共产党成立 100 周年文艺演出《伟大征程》的播出中，咪咕公司成功应用了全球首创的"戏剧表演 5G 即时电影拍摄"技术，以"5G+"助力主旋律文化的创新传播。

5G 即时拍摄"浸"现建党百年壮美画卷

当 5G 技术与舞台艺术结合，会碰撞出怎样的火花？

此次演出，国家体育场首次架起长达 180 米的巨型屏幕。要在偌大的空间里展现演员细腻的戏剧表演，难度极高。为此，《伟大征程》副总导演、中国国家话剧院院长田沁鑫提出了大型舞台剧"即时摄影、瞬时导播、实时投屏"的创新构思，"新技术的引入可以助力文艺演出的艺术表达，为《伟大征程》的创作提供更宽广的想象空间"。但同时摆在面前的，还有信号的衰减和延迟——这一全世界都难以解决的难题。

为支持本次演出活动，咪咕公司在文化和旅游部、晚会领导办公室和戏剧组的统一指导下，积极承担央企责任，迅速组建党员突击队，研究拍摄制作解决方案。依托中国移动 5G 网络的低时延、高带宽特性，咪咕公司将情景化的戏剧表演拍摄画面（即时摄影）通过 8 路 5G+4K 超高清视频实时传输至导控台，进行镜头实时剪辑、实时调色等处理（瞬时导播），在现场主屏幕上即时同步呈现出细腻的电影质感画面（实时投屏）。

"李大钊"与"陈独秀"的跨时空对话催人泪下，抗美援朝的激战场面震撼人心，经典红色歌曲的旋律铿锵有力……在戏剧与舞蹈《破晓》、歌曲《遵义会议放光辉》等 6 个节目、贯穿四大篇章的场景中，"5G 即时

第七章 5G+智慧民生

360°"子弹时间"电影特效定格画面

电影拍摄"技术的运用,让观众在当下与历史中自由穿梭,沉浸体验百年之巨变。舞台背景的巨幕画面和演员的表演融为一体,如同上演了一场场超级"巨屏电影",百年巨变"浸"在眼前。

360°定格时空开创全新艺术呈现模式

在情景歌舞《强军战歌》、童声合唱与舞蹈《命运与共》等节目场景中,360°"子弹时间"的电影特效定格画面仿若让时空定格,以大电影的质感展现出大型情景史诗之美。基于1~10 Gbit/s的高速网络,超级"子弹时间"技术采用了120台专业单反相机,最多支持254台设备,具备

360°俯、仰拍自由切换能力，让画面更加立体、多元化，6K 的 RAW 序列画质让画面更加清晰细腻，最终呈现出超级慢动作＋时间静止的效果。

这些顶尖技术的实现，需要极为稳定的 5G 即时传输技术和超高清拍摄制作技术同步保障。在中国移动全球首款超低时延"5G 背包"建设的 5G 边缘计算视频专网以及超高清技术的保障下，4K 高清视频信号的采集、处理、呈现时延减少了 80%，抗干扰性更好，大屏呈现与舞台表演几乎没有肉眼可见的时延。

在庆祝中国共产党成立 100 周年文艺演出中，咪咕公司现场综合运用的多种技术手段，将晚会的艺术手段衬托得更加生动，展现了中国共产党百年来带领人民进行革命、建设、改革的壮美画卷，给观众带来了沉浸式的体验。咪咕公司全球首创的"即时摄影、瞬时导播、实时投屏"的摄制解决方案，也为大型演出和室内演出开创了一种全新的艺术呈现模式，拓展了 5G 技术在传统文艺演出和舞台艺术方面的应用空间。

5G 赋能文化产业数智升级，助力强国建设

作为新媒体国家队，咪咕公司积极承担央企责任，通过 5G+赋能文化、体育产业"数智化"升级，创新主流文化的传播形式，为广大用户带来沉浸式的文化体验。

以 2018 年世界杯为起点，咪咕公司先后创新推出 4K/8K 超高清、子弹时间、多视角、自由视角、多屏同看、5G+AR、5G+VR、5G+AI 等系列观赛黑科技，通过手机、PC、电视、VR 等大小屏多终端呈现。近年

第七章 5G+智慧民生

来,从中国足球协会超级联赛到中国职业篮球联赛、中国排球超级联赛,咪咕在 5G+超高清与体育的跨界融合中多次开创了"全球首次"的先例,助力体育产业在疫情后的"数智化"升级。

在东京奥运会期间,咪咕首次把 5G 云赛场应用到奥运会直播中,全程配备 5G+4K 超高清画质、3D 观赛,立体化呈现奥运赛事,并以 HDR Vivid 技术为用户带来"还原真实,让所见成真"的视觉盛宴。

为助推实现"带动三亿人参与冰雪运动"的目标,中国移动还以 5G 助力中国冰雪文化传播,不仅推出了 5G 冰雪之队,还推出了运动员谷爱凌的冰雪数智达人 Meet GU。咪咕公司通过自研的 AI 能力,经过数字分身人脸拟合与云渲染,在让数智达人得以保证完整性的同时,增强了用户与其实时交互的沉浸式的体验,开启了一场科技与体育相互碰撞的"冰雪奇缘"。

5G为体育产业带来了新的发展机遇，也为文化行业注入了新动能。从携手国家大剧院推出原创民族舞剧《天路》5G+4K影院直播、联合国家京剧院以5G+4K云演播的全新模式推出经典大戏《龙凤呈祥》、联合国家文物局推出"博物馆5G新生活"……咪咕公司不断着力于5G+文化的内容挖掘，以更多创新性举措助力文化IP的打造，以多样形式推动传统文化破圈传播。

在过去短短两三年之中，咪咕公司探索出独具特色的媒体融合新生态，开创的"5G+内容"新模式成为文体产业全新升级的新引擎。5G技术的快速发展和融合创新，正加速引发经济社会各领域的变革，咪咕公司在以5G+推动内容产业"数智化"升级的同时，也将不断生产优质内容，讲好中国故事，传播中国声音。

7.2 无锡市卫健委："5G 急救大脑"为胸痛患者打造快速救治平台

单位简介： 无锡市卫生健康委员会（简称无锡市卫健委）是无锡市人民政府部门的组织机构之一，它以促健康、转模式、强基层、重保障为着力点，从以治病为中心转变到以人民健康为中心，为人民群众提供全方位、全周期的健康服务。

技术亮点： 网络切片、边缘计算、物联网、车联网。

应用成效： "高效处置、互联互通"的智慧急救新模式提高了医疗急救信息的传输速度。以院中转运为例，12分钟内到达目标救治医院的比例由原来的72%提高至95.5%。截至2021年10月底，项目已经接入无锡4家三级医院、14家二级医院、54家社区卫生服务中心的147辆救护车。

疾驰的救护车内部的救治情况、病患相关数据通过5G网络快速回传，并实时显示在无锡急救中心的监控平台上，同步匹配的救治诊疗医院信息为患者开辟了快速救治的通道。这一切的背后，是"5G胸痛救治平台"在发挥作用。

2021年，无锡市卫生健康委员会携手无锡市急救中心、江苏移动无锡分公司，依托5G、物联网、车联网等技术，创新建设了市域"5G胸痛救治平台"。该平台是全国 5G 医疗全平台应用的"首发",为胸痛患者寻求到了最快最优的救治方案。

急救车装上"黑匣子","零时差"构建急救新格局

"5G 胸痛救治平台"能够实现快速、规范、高效的急救,不仅依托于优质的医疗资源,也有先进的技术"铺垫"。无锡市急救中心已对全市 147 辆急救车进行了 5G 赋能。相较于普通急救车,5G+急救车加载 5G 网络,基于 5G 网络大带宽、低时延、高可靠的特性,救护车辆接到患者后,

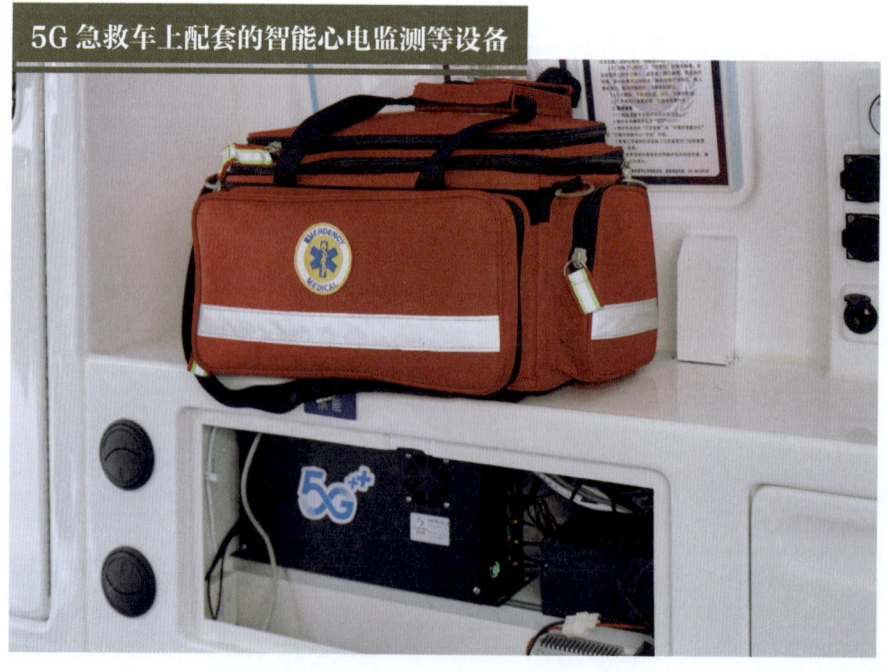

5G 急救车上配套的智能心电监测等设备

医护人员立即给患者做相关检查，患者的生命体征数据（血压、血氧、心电、呼吸、体温及相关波形图等）、急救车车载数据（车速、油位、里程、冷却液温度、发动机转速、车门关闭、车门关闭状态、氧气使用情况等）和现场音视频数据（实时视频、图像、语音）统一汇聚，并通过5G急救专网，经市级UPF直接回传至无锡市卫生健康委员会数据中心，确保医疗数据的安全、可靠。救治医院可从数据中心实时获取患者和救护车信息，提前制定抢救方案。车上的"院前"急救人员与医院"院内"急诊抢救医护团队实现"零时差"融合，实现"人未到，病先知"的预检分诊。

拨打120，实现"上车即入院""到达即就诊"

"5G胸痛救治平台"好比一个"急救大脑"，无论是病患拨打120接入急救中心，还是到基层医院进行诊疗，一旦接入该平台，便可快速推进救治流程，争分夺秒为胸痛患者开辟快速生命通道。

接通患者打来的120急救电话后，无锡市急救中心根据患者的描述，再结合系统信息，第一时间指派距患者最近的急救车前往。为确保急救车第一时间赶到患者所在的位置，两条绿色通道经"急救大脑"调动一并开启。一方面，保障急救车辆先行：通过卫星定位、无线网络及移动信息技术，基于电子地图道路交通路网数据，可以追踪急救车辆实时地理位置，与道路交叉口进行自动匹配，在侦测到急救车辆即将达到时，自动控制前方信号灯切换到绿灯，保障急救车辆优先通行。另一方面，提前锁定目标救治资源：根据距离以及急诊医疗资源的空闲情况（如手术室、导管室、高压氧舱等设施的使用状态和排队情况，医生的排班情况等），自动计算出最佳救治医院，并提前锁定急诊医疗资源。

在迅速匹配合适的急诊医疗资源的同时，"5G 胸痛救治平台"通过无锡市全民健康信息平台的居民身份索引库，以及区域电子健康档案，提取患者个人数据、既往病史、药物过敏史等信息，辅助 120 医护人员和救治机构的远程会诊。在患者被送往救治医院的路上，急救医生通过救护车上的智慧网擎设备，快速提取患者的生命体征信息和现场音视频数据，通过 5G 急救专网传至救治医院。救治医院获得患者信息后，一方面与急救医生实时沟通，辅助抢救，实现"无缝联动"，另一方面立即制定抢救方案、准备手术流程。急救车到达医院时，救治医院已提前做好准备工作，为抢救生命赢得了时间。

基层医院就诊，"院前""院中""院内"协同救治

据了解，无锡市"5G 胸痛救治平台"以国家、省卫生健康委员会胸痛中心建设指南为依据，实现了"院前急救与医院急诊协同""医院内各相关科室协同""上下级医疗机构协同"三大协同机制，覆盖基层医疗机构（院前）、市急救（院中）、胸痛救治医院（院内）的救治全流程，有效串联各级医疗系统。

胸痛患者至社区医院就诊时，基层医生若无法为患者确诊，可通过平台的远程心电诊断中心系统，呼叫远程心电联盟专家组协同。明确该患者为胸痛患者时，再由分级诊疗系统确定目标救治医院、呼叫无锡市急救中

第七章 5G+智慧民生

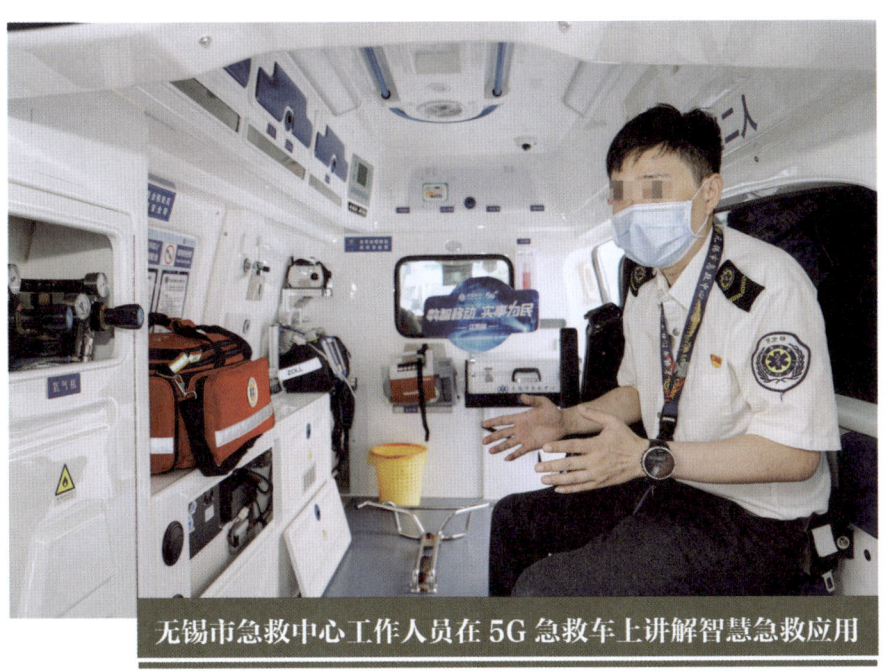
无锡市急救中心工作人员在 5G 急救车上讲解智慧急救应用

心派车实施转运,同时借助心电监测终端和物联网血糖、血压检测等智能设备,将患者的诊疗信息实时上传至平台流转,有效助力各级医疗单位快捷、方便地查看患者信息。这种"高效处置、互联互通"的智慧急救新模式,提高了医疗急救信息的传输速度。以院中转运为例,12 分钟内到达目标救治医院的比例由原来的 72 % 提高至 95.5 %。可以说,胸痛患者急救信息一旦接入该平台,救治流程便可得到自主的快速推进。

截至 2021 年 10 月底,"5G 胸痛救治平台"已经接入无锡 4 家三级医院、14 家二级医院、54 家社区卫生服务中心的 147 辆救护车。下一阶段,"5G 胸痛救治平台"将建立全生命周期数字管理体系,扩充医疗机构接入点，覆盖服务更多市民，构建"全市一张网、急救无死角"的新格局。通过持续完善全程管理，突破目前联动"救""治"的现状，实现向前筛查协同、向后随访协同；通过移动5G数字急救技术，最终形成"防""救""治""康"的真正闭环管理。

7.3 瑞金医院：
以仁治医，用数赋智

单位简介：上海交通大学医学院附属瑞金医院（简称瑞金医院）是一所三级甲等大型综合性教学医院，已形成多院区发展格局。医院连续12年在"中国医院排行榜"中排名全国前五。2019年，在全国三级公立医院绩效考核中取得A++等级，位居全国第三。

技术亮点：5G医疗专网、5G智慧急救、5G远程诊断、5G智慧管理。

应用成效：瑞金医院实现了5G网络深度覆盖，建设了5G医疗专网，围绕5G+急诊救治、5G+远程诊断、5G+医院管理、5G+健康管理等方向分别打造了一系列创新应用，面向临床实现了跨院区、跨医疗机构的远程协同诊疗，面向患者实现了就医流程的优化及医疗服务质量的提升。

近两年，不少便捷就医的应用正悄然进入上海市居民的日常生活，智能预问诊、电子病历卡、互联网医院、智能机器人、远程诊断……就医耗时越来越短，就医体验越来越好，这一切的背后，都隐藏着哪些技术的发展和挑战？瑞金医院用实践给出了答案。

领跑上海医院数字化转型

瑞金医院作为上海数字化医疗转型的前沿阵地，率先在全院开展包括精准预约、智能预问诊、电子病历卡、互联互通互认、医疗付费"一件事"、核酸检测和疫苗接种、5G智慧急救的"便捷就医"七大应用场景试点工作，切实改善患者就医体验，优化就诊流程管理，让越来越多的市民感受到了医疗数字化转型给就医带来的便利。

以"智能检查前移"新场景为例，借助瑞金医院的互联网医院，市民可以在线完成检验、影像检查申请和支付。据测算，光这一新场景落地，就可以让患者至少少往返医院1次。而瑞金医院的最终目标是通过新七大场景的应用，实现患者就诊"只跑一次"。瑞金医院副院长陈尔真说："5G、物联网、大数据、人工智能等技术改变了医院的服务模式和服务流程。这些改变使患者在医院接受医疗服务的过程中更安全、更舒适，拥有更好的体验。"

挖掘 5G+智慧医疗实用价值

长期以来，医疗资源分布不均、偏远地区的医疗水平发展受限，都是我国医疗领域较为突出的问题。能否突破时空限制，通过5G让医疗资源触及基层医疗机构及患者群体，成为解决上述问题的核心和关键。对此，瑞金医院立足于急诊救治、远程诊断、医院管理等场景，用实际行动交出了令人满意的答卷。

第七章 5G+智慧民生

2021年8月17日下午，瑞金医院总部超声科主任通过远程超声诊断系统操作超声机械臂"探头"，为30千米以外的瑞金医院北部院区的一名患者进行了5G环境下的远程超声检查，并通过计算机屏幕与患者实时对话，为医患节省了两地奔走的时间。由于超声检查对操作者的水平依赖性较高，瑞金医院通过5G远程超声检查，实现了异地实时操作和数据实时高效传输，无论是操作手感还是图像质量，都得到了可靠的保障。从真实的检查场景出发，构建瑞金医院5G医疗专网，既可以保证诊疗数据的

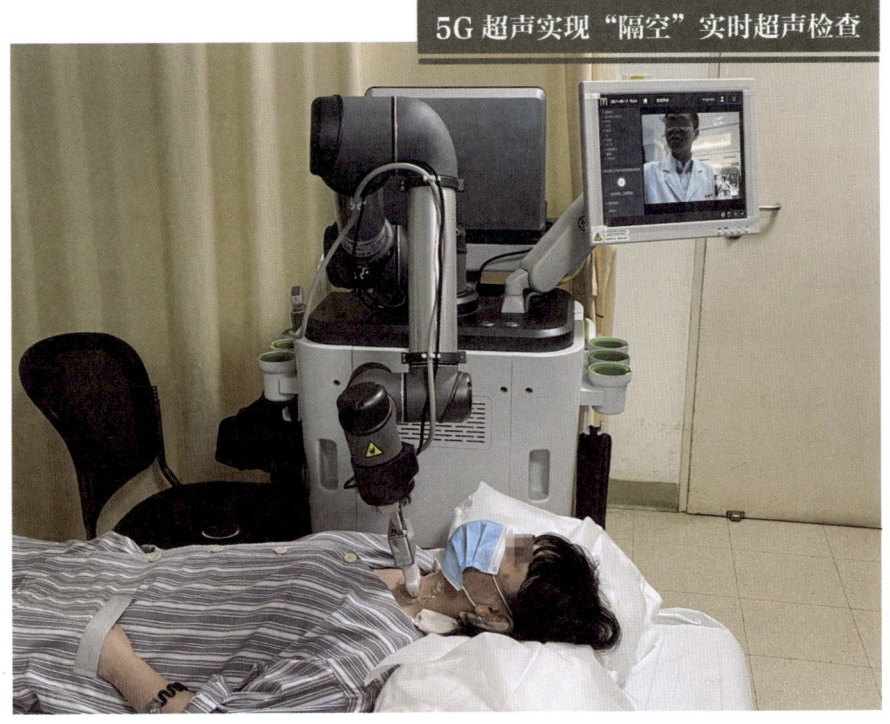

5G超声实现"隔空"实时超声检查

高安全性，又实现了分院与总院之间大容量影像数据的秒级传输，方便医生随时随地快速调阅患者的临床影像；同时还可以帮助基层医疗机构的医师提高诊断水平，实实在在地为偏远地区的患者带去福音。

2020 年，瑞金医院与中国联通上海市分公司共同承接了国家级新基建领域项目"基于 5G 网络特大型城市区域智慧医疗应急救援体系建设"，探索 5G 与应急医疗救援体系的深度融合与创新，力争打造一套新时代中国特色智慧应急医疗救援模式，全面提升长三角一体化应急医疗救援能力。瑞金医院预期用 3 年时间，分阶段构建了一张覆盖五级医疗机构的 5G 医疗专网，包括瑞金总院、北部院区、远洋院区、卢湾分院及长三角区域内的医联体单位，面向临床诊疗，实现影像、超声、ICU[①]监护、远程会诊等数据实时高效传输和智能化管理；面向医院管理，通过实时采集院区设施、医疗设备、物资及人员数据等，实现多院区高效资源调度管理；面向应急救援，以瑞金医院为中心，联合院前急救、区域医联体及长三角协作单位，铺设基于 5G 通信技术的应急医疗救援网络，搭建 5G 智慧医疗平台，形成"一个中心、一条链、一张网、一平台"的新型智慧应急救援医学示范体系。到 2023 年，瑞金医院 5G 应急救援体系的服务区域预计将覆盖包括上海远郊、自贸区新片区在内的上海全市域，并辐射整个长三角区域，通过 5G 医疗专网打破时间与空间的限制，减少因地理位置不同和医疗资源分配不均带来的差异，使位于医疗资源不足区域的患者也能获得平等的医疗救治。

---

① ICU 即 Intensive Care Unit，重症监护治疗病房。

第七章 5G+智慧民生

探索世界一流"未来医院"

瑞金医院院长、中国工程院院士宁光说，一家好医院，首先一定是新技术的策源地，求解未知，护佑生命。瞄准全球医学发展趋势，瑞金医院正着力打造"四个地"——全球医疗新技术缔造者与策源地、全生命周期健康服务示范地、灾害与公共卫生应急事件救援地、全球医卫健康人才培训地，由此构建与上海城市软实力相匹配的医疗典范样本。

当前，瑞金医院正以全新视角推进未来医院的智慧再造，以建设世界一流的"未来医院"为战略目标，针对大型综合性公立医院"全生命周期健康管理、医疗新技术孵育转化、一体化医患大教育、突发公共卫生事件应对"四大社会责任全链条，以"患者就医、诊疗服务、技术创新、医学教育、应急保障"等医疗全场景为发展方向。基于5G、大数据、人工智能、物联网、数字孪生等技术，瑞金医院将建立全面感知、泛化连接、智能进化、数字孪生的智慧医疗中心，推动公立医院高质量发展，为进一步实现数字化技术与现代医院的深度融合提供有益尝试和经验借鉴。针对公共卫生应急突发事件，为实现全面态势感知、医疗资源有效调度、信息及时发布、救援指令实时下达、多组织协同联动、发展趋势智能预判等，瑞金医院致力于打造基于5G的海陆空立体急救智能管理平台，为上海乃至全国进一步提高应对突发重大公共卫生事件的能力提供范例。

5G为医疗行业带来的不仅是巨大变革，更注入了澎湃的活力，不断激发有追求、敢创新的企业和单位探索，并打造出一大批可复制、可推广的5G+智慧医疗应用。

7.4 红旗渠：
5G 智慧景区助力红色教育

单位简介：红旗渠位于河南省林州市，被誉为"人工天河"。红旗渠风景区被称为"中国水长城"，是全国爱国主义教育示范基地，全国红色旅游经典景区之一，国家 AAAAA 级旅游景区。

技术亮点：5G+大数据，5G 智能机器人。

应用成效：以创新为动力，用科技赋能，抢占 5G 先机，衍生出相关的 5G 创新应用，依托 5G 高速率、大带宽、低时延的特性，提升了游客的旅游体验。

用 5G VR 眼镜观看当年修建红旗渠的场景，AI 游记助手自动生成交互式视频游记，5G 智能机器人提供多种服务……在红旗渠风景区，5G 创新应用已经成为红色旅游的新热点。

红旗渠风景区充分发挥全国爱国主义教育示范基地、全国红色旅游经典景区的教育功能，注重人才培养和科技运用，大力加强红色旅游和智慧旅游建设，引领红色旅游景区高质量发展。5G、VR、大数据、AI 等技术的应用，提高了红旗渠风景区的智慧管理、智慧营销水平，景区能够为游客提供多种个性化服务，提升了旅游体验。

第七章　5G+智慧民生

5G 助力游客体验红旗渠精神

红旗渠风景区是全国著名的红色景区。树立红旗渠的良好形象，让红旗渠精神代代传承，是红旗渠风景区被赋予的使命。

2018 年，红旗渠风景区利用联通大数据产品建成了红旗渠大数据分析平台。为深入探索 5G 技术在文化和旅游领域的应用，中国联通迅速在景区部署了 5G 网络，与红旗渠风景区共同设计开发了相关的应用场景，率先在国内发布了 5G 智慧旅游系列应用，将 5G+大数据应用于智慧景区，推动了红旗渠风景区的全面发展。

心随景动，情由景生。不观红旗渠，如何更深入地感受红旗渠精神？借助 5G 高速率、大带宽、低时延的特性，VR 直播给游客带来身临其境般的体验，让游客沉浸式欣赏红旗渠的壮美，深刻感悟红旗渠精神的内涵。景区内的著名景点青年洞和"铁姑娘打钎"旧址已经实现 5G 信号覆盖，参观者戴上 VR 眼镜，就能通过 5G 网络看到当年修渠时感天动地的场景，瞬间回到那段激情岁月。高科技手段加深了游客对红旗渠精神的理解，提升了红色教育的效果。红旗渠风景区内的多个景点部署了全景摄像头，画面通过 5G 清晰回传，游客在室内也可以尽情观赏红旗渠的美景。

外出观光，很多人习惯写游记，拍几张照片或几段小视频，写上几段话。对用 5G 技术"装备"的红旗渠风景区来说，这样的游记已经被新的手段取代。红旗渠风景区推出了一款 5G 高清视频游记助手应用软件——AI 游记助手，帮助游客自动编写游记，根据游客拍摄的照片和视频，生成相应的 720°VR 交互式视频和 8K 高清视频的全景游记，立体再现游客

游客体验 5G+AR "慧眼" 应用

的美好回忆，全面记录他们的所见所悟。

　　提高景区服务效率，让游客更舒心地游览，是红旗渠风景区管理者的夙愿。如今，这个愿望在 5G 智能机器人的帮助下已经实现。通过 5G 网络和语音交互技术，智能机器人可以主动跟游客打招呼，提供场内引导、景区介绍、专业咨询、聊天等服务，并能根据人脸识别结果，迅速做出服务响应。遍布景区的智慧鹰眼系统，犹如一张无形的防护网，让景区更安全。它通过人脸识别技术，自动识别人员身份，实现精细化管理，提高了景区的安全治理水平。

依托 5G 技术实现产业联动

5G 具有高速率、大带宽、低时延等特点,与旅游业的深度融合为产业带来了深刻变化。红旗渠风景区和中国联通开展合作,利用 5G 技术打造智慧景区,助力红色教育,为红色旅游插上了智慧的翅膀。如今,包括红旗渠在内的各大红色景区纷纷升级改造,满足新时代广大游客对红色旅游的需求。红旗渠依托 5G 技术,打造智慧景区,引领了新时代红色教育的发展方向。

红旗渠风景区充分利用中国联通大数据平台,通过对数据的采集、分析,对游客进行精准画像,对其行为进行了精准描述,变数据为旅游价值。中国联通凭借全国集中的大数据资源和专业化的系统集成能力,打造了覆盖旅游管理部门、涉旅企业及游客的旅游信息化系列产品,实现了对旅游管理、旅游营销、旅游服务的智慧支撑。这些产品的进一步应用,将给红旗渠风景区带来更大的价值提升。

扩大文旅行业就业,有助于带动经济发展。红旗渠是红旗渠精神的发源地。5G 创新应用的实践推广,为红旗渠精神文化赋能,与当地的旅游行业相结合,带动了衍生产品的销售,传播了红旗渠精神。

通过 5G 技术实现线上游览,可以减少旅游开支。红旗渠风景区通过 5G+线上游览的方式,为客户单位减少了不必要的差旅费用,同时取得了良好的学习效果。

借力新基建,树立新示范,借助 5G 创新应用示范效应,红旗渠风景区将进一步扩大社会影响力,更好地传播、传承红旗渠精神。

专家视点

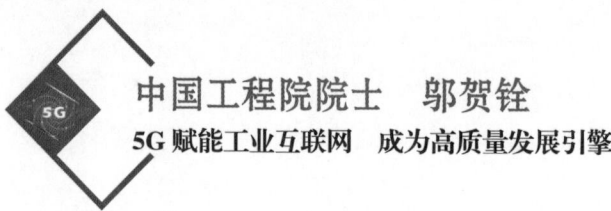

中国工程院院士　邬贺铨
5G赋能工业互联网　成为高质量发展引擎

工业互联网从企业联网、门户网站等形式，逐步发展出园区联网、机器联网、产品联网等新形态。

我国工业互联网进入攻坚期，需要从5G企业网入手，从标准起步、从底层出发，向深度发展、向体系化推进，开创工业互联网发展新格局。

5G的广覆盖、大带宽、低时延、高可靠性等特点适于在工业互联网中应用。例如，5G大带宽、低时延的特点，使物联网所感知的数据能够在第一时间传送上云进行分析，并第一时间得到反馈、执行相应措施。5G促成新一代信息技术无缝融合，打造了数据从采集、传输、处理、分析到决策的全过程，发挥了数据作为生产要素的作用，支撑了工业互联网的发展。

在5G工业模组方面，目前5G在企业中的应用多为IoT类的机器视觉和远程控制，场景大多分散孤立，在有PLC等工控设备的制造业现场，5G的应用被边缘化。受限于PLC标准的碎片化，协议欠开放，因此5G工业模组尚未真正在主生产流程中发挥核心作用。

5G工业模组不能只作为工控设备的一种选择，而是应该取代PLC等传统工控设备，并融合边缘计算、智联网、区块链、IPv6、TSN①等技术及安全功能，成为新型工业网关。如果有必要，还可以增加光接口，兼具工业PON②网关作用。

5G新型工业网关不仅提供现场级功能，还可包含过程控制与生产管理级、网络与业务应用级功能，推动工厂内网向扁平化、IP化、智能化发展，实现IT与OT的无缝融合。

5G能适应工业互联网的需要，但是工业互联网也会给5G提出新要求。在消费端，5G的大带宽体现在从网络到用户的下行阶段；而在企业网，则恰恰相反，由终端上行到网络的方向对大带宽有着紧迫需求，这就需要我们克服技术难题，利用诸如载波聚合等技术进一步提高上行能力。

从基站到核心网需要传送的工业互联网业务十分多样，大、小颗粒很多。因此需要一个MTN③，基于SPN④提供基站至核心网间多层次、多颗粒度的传送承载。例如在最底层用FlexE将MAC层速率适配到大数据包的交叉链接，使其拥有匹配业务信号与光网络的能力，在其他层实现基于IPv6的灵活业务调度。

以IPv6作为"5G+工业互联网"的网络层协议，不仅地址丰富、可认证溯源，而且可在IPv6扩展报头上显示业务对信道性能的需求，网络据此可以有针对性地安排路由。

---

① TSN即Time-Sensitive Networking，时间敏感网络。
② PON即Passive Optical Network，无源光网络。
③ MTN即Metropolitan Transmission Network，城域传输网。
④ SPN即Slicing Packet Network，切片分组网。

工业互联网是企业数字化转型的抓手，5G赋能工业互联网，成为其高质量发展的引擎。与此同时，工业互联网为5G开拓了广阔的应用空间，也对5G的持续创新提出了更高的要求。

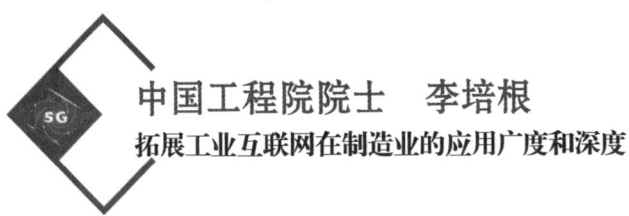

中国工程院院士 李培根
拓展工业互联网在制造业的应用广度和深度

无论从广度还是深度上看,工业互联网在制造业的应用还有很大的发展空间。

一是从过程孪生的角度看,目前很多应用还停留在浅层次上,没有实现物理过程的深层次应用。数字孪生、过程孪生,不只是针对产品,还针对使用者。比如汽车的数字孪生模型构建不仅涉及汽车本身,还涉及使用过程,使用者什么时候踩的刹车、踩刹车时车是什么情况,这些数据实际上就是过程孪生数据。每辆车的运行过程都不一样,其数字孪生模型都是独特的。

制造业里有很多工艺过程,如果实现数字孪生,我们就能更好地控制过程。例如在船舶发动机制造领域,焊接工作量占日常生产工作量的70%,通常情况下,焊接好的构件调到专门的质检车间后,当发现深层次质量问题时,与焊接行为本身已经脱离了 3~15 天,很难知道原因是什么,因为过程不能溯源。而现在,在焊接过程中,我们可以高频采集工艺参数,进行数据分析,实时控制焊接质量,把本来是事后的质量监测变成实时在线监测和控制,这对质量控制意义重大。如果没有数字孪生,如果不对焊接的过程有深入认识,我们就做不到这一点。

二是从低碳的角度看,我国对世界承诺,力争在 2030 年前实现碳达峰，2060年前实现碳中和。但是，"双碳"问题不仅仅是节约能源的问题，人类生活的所有活动都可能存在碳足迹，企业活动的各个环节也存在碳足迹。以可乐为例，每一罐可乐，从原材料到生产销售，一直到可乐罐子的回收都存在碳足迹，都和碳排放密切相关。我们要降低碳排放，就要分析企业的碳足迹，如果没有数字技术的支撑，就很难做到这一点。工厂、车间节能是非常重要的，方方面面都要做到低碳，例如大型设备的包装，有的是用木头，原来是一次性使用，现在要考虑共享使用这些包装，就一定要有数字化技术的支撑，先做到信息共享。

低碳还有一个重要方面，就是智能电网和新能源，包括太阳能。很多企业考虑在厂房上建太阳能设施，自己发电自己用，如果有多余的电，还可以输送出去。因此，能源互联网开始受到关注。能源互联网平台涉及5G、人工智能和区块链等技术。

三是从数字化供应链的角度看，制造企业对这个问题的重视还很不够。企业的竞争不仅仅是同行企业之间的竞争，更是供应链生态的竞争。在工业互联网时代，好的供应链系统、生态系统一定要有数字技术的支撑，其根本就是数据可视化。建立了数字化供应链之后，因为信息透明，哪怕是在供应链的上游，也可以及时看到需求端的信息，这样才能应对及时。对企业而言，供应链里的采购是最基本的环节。企业都希望控制成本，但是绝大多数企业控制的是可见成本，如原材料成本、运输成本等容易看到和感知到的成本。还有一些成本是隐性的，不容易感知到甚至意识不到，比如说时间成本、缺货成本等。如果我们有数字化供应链，有足够的信息和数据，就能够更清楚地看到隐性成本，这样就有利于企业争取更多的利润。

中国工程院院士　刘经南
北斗+5G赋能新型基础设施时空智能

工业互联网的核心就是要控制协同。精准的时间同步就会有精准的控制，这样才能保证互联网的安全。北斗能够为工业互联网提供亚/纳秒级的时间同步，可以提供厘米级到毫米级的定位水平，与大带宽的5G结合，北斗和5G还可互相赋能。

北斗赋能工业互联网，首先是接驳了工业互联的时空位置需求。在科学上，工业互联网也称CPS（Cyber Physical System），即信息物理系统。CPS是虚拟空间和物理空间的一个融合系统，把虚实结合起来，用虚拟空间解决实体工业里面的问题。工业互联网是从CPS这个概念中脱颖而出的。

互联网不讲条件的加，最后是加不起来；有条件的加可以加起来，比如把北斗这样的技术加进去就可以。工业互联网是具有控制属性的网络，对时间的要求非常高，对时间进行精准判断以推断空间的位置，控制通信和经济协调，相互活动，使得计算和物理实体能够更加紧密地相互协同起来，这就是工业互联网最重要的要求。因此时间与空间的复杂性是工业互联网面临的最主要的挑战。

智能驾驶汽车就是靠北斗、5G与工业互联网协同建立车与车之间的联系。一辆车要往这边转弯，网络告诉它的时间既不能早也不能迟，要在它发生问题的时候，精准地告诉它，这就有一个非常高的要求，即时间和位置的协同。

车联网应用中，汽车首先要降速，降速之后要变道，变道以后还要靠近安全道刹车，这几个动作的时间、位置，以及汽车的跟进，要有精准的时间位置协同，还要外部信息提供者一起来处理车、云、端三方信息协同，实现时间控制和位置控制，然后才能保证车辆安全。泛在网络，所谓的"泛在"就是无时不在、无所不在。精准地协同，这就是现在工业互联网的要求。

现行5G技术是毫秒级的，能实现时间和位置的精准协同。5G加持的工业互联网进入泛在协同阶段，即任何时间、任何地点，对于任何问题都能够在这个网络中发现和解决，这就要求这个网络有非常好的感知能力、决策能力、协同能力和控制能力。

智能驾驶的广泛应用要求一旦发生故障，即时排除以及远程解决。这样的工业互联网必须有精准的位置和精准的时间。通过北斗+5G，时延误差可以控制在20纳秒内，两点之间哪怕相隔几万千米，通过工业互联网依然可以实现同步。

如果每一个节点、每一个网关、每一个路由器上都有北斗的时间和位置，通过信息计算、位置计算、时间计算，网络就不再是虚拟的，而是实体的，虚实结合就能实现所谓元宇宙的功能，达成实体的人和虚拟的人、实体的场景和虚拟的场景一体化同步运行，真正实现元宇宙的概念。

专家视点

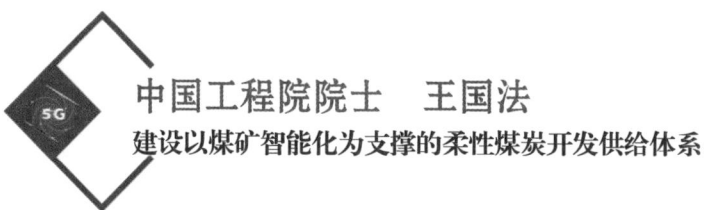

中国工程院院士　王国法
建设以煤矿智能化为支撑的柔性煤炭开发供给体系

目前，我国没有任何一种能源能够替代煤炭在能源体系中的兜底保障作用，但"双碳"目标等要求煤矿实现智能、绿色发展，技术进步等因素倒逼煤矿生产方式的变革，因而智能化、绿色化是新时期煤炭行业高质量发展的必由之路。

我国在煤矿智能化技术体系研发与智能化煤矿建设方面有了诸多实践成果。我国建立了煤矿智能化的基础理论体系，构建了煤矿数字逻辑模型、多元异构数据的处理理论方法、复杂系统智能控制的基础理论；构建了智能化煤矿的顶层架构，基于工业互联网平台的建设思路，采用一个标准体系，构建一张全面感知的网络，建设一条高速数据传输通道，形成一个大数据应用中心；建设了以运营一大脑、矿山一张网、数据一片云等1+N应用系统为核心的智能化煤矿系统；2020年年底，国家启动了首批智能化煤矿建设示范项目；2021年，首次系统提出了智能化煤矿的总体架构、目标、技术路径。

构建高质量煤炭供应体系是建设现代能源体系的重要任务，亟须以智能化煤矿为支撑，在保障安全低成本的前提下，提高煤矿产量的快速柔性调节能力，以适应市场需求的变化。

目前，我国建立了一个煤炭智能柔性开发供应响应模型，煤炭开发供给的柔性度可以用煤炭生产能力的数据和煤炭运销能力的柔性系数来表征；构建了智能柔性煤炭供给体系的技术架构，确定了该体系的核心要素；在西部设立智能绿色矿业与社会协调的国家级综合实验区，创新培育资源型地区数字化产业新业态，支持资源型地区培养新一代信息技术、高端装配、新能源、绿色环保等产业；建立矿区一体化体系和多能耦合的低碳发展体系，以煤电为核心，构建风、光、电、热、气多元协同的清洁能源系统，利用废弃矿井开展抽水储能、压缩空气储能等。

专家视点

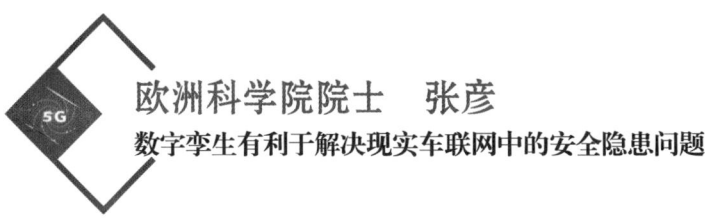

欧洲科学院院士　张彦
数字孪生有利于解决现实车联网中的安全隐患问题

目前车联网面临海量连接、可信安全交互、超低时延、资源消耗大等新挑战，通过数字孪生技术，基于智能网联汽车建立数字化模型，能对汽车过去、目前的行为或流程进行动态演进和呈现，有利于解决现实车联网中的安全隐患问题。

数字孪生是非常具有潜力的战略性技术。所谓数字孪生，即以数字化的方式，对物理世界中的实体进行多维、多物理量、多粒度的精准虚拟映射，形成"数据感知—实时分析—智能决策"的实时智能闭环；物理世界的实体可能是设备、传感器、机器人、工业生产流程或复杂的物理系统。

数据、模型与软件被称为数字孪生的三大基础元素。通过大量数据鉴定出模型。模型有两种方式。一种是数学方式，用数学公式把模型推算出来。另一种是AI数据驱动的模型，模型建成需要用软件、算法实现代码。从这个角度来看，数字孪生就是一种软件定义的物理空间，与Software Definition（即软件定义一切）的理念是完全一致的，或者说与软件定义车辆的理念是完全一致的。

数字孪生跟车联网的融合会带来六大优势。第一，精准的映射与一致的表征，比如说对某辆车鉴定它的数字孪生模型，而这个数字孪生模型可能用在不同的服务和应用中，因此它是一种一致表征的形态。第二，特征的挖掘与态势的预测，对车的行为或者未来行进的状态进行预测，由于能预测出事故隐患，安全性就会得到提高。第三，数字物理的双向交互。第四，突破时空的资源限制。第五，车辆的边缘计算、边缘智能的匹配。第六，系统自我更新与持续的演进。同时，数字孪生与车联网融合也面临四大技术挑战，包括效率问题、精准性问题、容错性问题和安全性问题。包括自动驾驶场景在内，使用数字孪生做场景的安全评估，需要逐步解决几个问题，包括虚拟场景建设、预期功能分解、未知风险引入以及预期功能评估。

数字孪生技术运用到车联网领域后，能构建起车联网与交管网统一的管理平台，对车—路—网进行高效精准管理，还能对网络攻击、安全事件进行预警，保护车辆各种数据的安全。比如，目前约有 70% 的车辆平均每天停泊时间超过 20 小时，大规模、分散的停泊车辆构成了庞大的分布式计算、存储资源池，数字孪生技术能实时动态地调度计算、存储和电力资源，实现泊车资源的合理利用。另外，数字孪生与区块链相结合，还能建立智能交易、可信的环境系统，助力碳交易、预测和统计。

专家视点

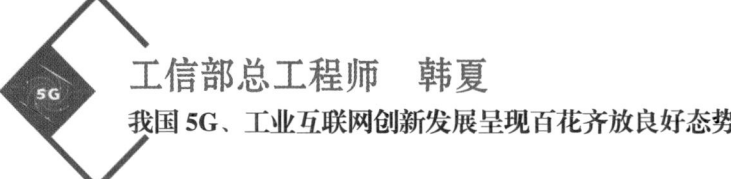

工信部总工程师　韩夏
我国 5G、工业互联网创新发展呈现百花齐放良好态势

近年来，工业和信息化部深入贯彻落实党中央、国务院决策部署，以赋能赋智实体经济为目标，一体化推进"5G+工业互联网"融入千行百业。一是赋能基础日益坚实。工业互联网网络、平台、安全三大功能体系初具规模，满足工业生产需要的大型传输、高精度定位等难点技术加快突破，工业 5G 模组、网关等关键产品价格明显下降。二是赋能路径更加清晰。基础电信企业、工业企业、通信设备企业、软件企业深度合作，团体赛打法更加成熟。各地聚焦重点特色行业，举办多场行业现场会，服务地方产业升级，区域协同发展的格局更加清晰。三是赋能成效不断彰显。20 个典型应用场景已在采矿、电力、钢铁等 22 个国民经济重点行业深度应用、快速推广，助力传统企业加快转型升级。

面向"十四五"时期高质量发展的新要求、新局面，要准确把握 5G+工业互联网的新规律、新趋势，走出一条具有中国特色的融合创新发展之路。

一是坚持创新驱动，提升数字产业化水平。夯实网络基础，开展 5G 专网试点，打造 5G 全连接工厂标杆；强化产业支撑，同步推进相应的技术、器件、产品研发和产业化进程；促进技术融合，推进 5G 与人工智能、物联网等新兴技术的深度融合，全面提升支撑能力。

二是坚持融合引领，提升产业数字化水平。强化示范引领，统筹发挥好工业互联网试点示范、产业示范基地等标杆作用；促进产业升级，提高产业链协作效率和供应链一体化水平；筑牢安全底线，构建安全技术保障体系，不断提升工业 5G 应用的安全保障能力。

三是坚持协同发展，共创产业生态繁荣。加强各方协同，搭建政产学研用合作平台，加强互学互鉴；提升服务能力，着力培育一批行业应用公共服务平台和解决方案供应商，降低 5G+工业互联网融合创新门槛。

专家视点

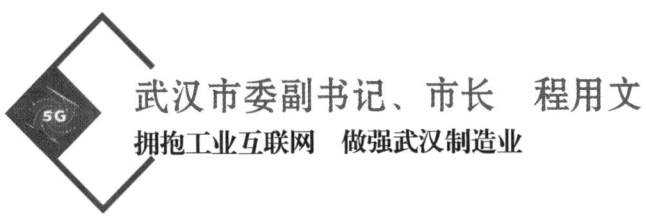

武汉市委副书记、市长 程用文
拥抱工业互联网 做强武汉制造业

"5G+工业互联网"对工业发展产生了全方位、深层次、革命性的影响，为高质量发展注入了澎湃动力。一是"5G+工业互联网"加快了传统产业的迭代。全球"5G+工业互联网"应用日益广泛，推动许多传统产业焕发生机。2018年以来，世界经济论坛评选认证90家全球"灯塔工厂"，覆盖汽车、钢铁、家电、食品、日化、电子制造等传统产业。武汉的富士康就是全球"灯塔工厂"，通过"5G+工业互联网"应用，劳动生产率提高了86%，质量损失减少了38%。二是"5G+工业互联网"加快了新兴产业的成长。以数字化、网络化、智能化为特征，"5G+工业互联网"极大地改变了微观生产方式，进而拓展了产业发展的边界，改变了宏观产业的生态。近年来，已催生人工智能、物联网、云计算、大数据、区块链等一批万亿级的数字新兴产业。三是"5G+工业互联网"加快了价值链条的重构。"5G+工业互联网"创新连接供应链、服务链、资金链，加快贯通研发设计、生产制造、质量检测、故障运维、物流运输、销售运营、安全管理等环节，传统的低附加值环节正加快改写微笑曲线，迈向价值链中高端。

"5G+工业互联网"正赋能武汉制造。武汉是我国近代工业的重要发祥地，是全国重要的工业基地，拥有全部41个工业大类中的38个。面对新工业革命浪潮，武汉坚持工业立市，正大力实施包含五大数字"新基建"、七大数字"新产业"、三大数字"新融合"的数字"573"工程,以激发工业增长动力。2021年前三季度,武汉市地区生产总值达到1.23万亿元,同比增长18.8%,其中工业发挥了重要作用。其一,强化"5G+工业互联网"顶层设计。武汉大力发展数字经济,推进未来工厂、"双千兆"城市行动,在基础设施、融合应用、技术创新、产业生态、安全保障等方面支持"5G+工业互联网"重大项目。2019年以来,财政投入15亿元,对全市规模以上工业企业开展智能化诊断,带动社会投资超过1000亿元。其二,强化"5G+工业互联网"的基础支撑。以5G、AI+物联网为特色,打造高速泛在、天地一体、云网融合、智能连接、绿色低碳、安全可控的信息基础设施,加快5G网络建设,截至2021年11月,已建成5G基站超过3.5万个,建成工业互联网标识解析国家顶级节点,接入二级节点23个,标识注册量近60亿个,建设数据中心机架12万个,聚齐"六朵云"。其三,强化"5G+工业互联网"的典型示范。推动工业互联网向钢铁、装备、电力、医药、能源等行业渗透,累计改造数字化产线765条,建成全球"灯塔工厂"1家、智能工厂56家,实施国家智能制造试点等示范项目27个,涌现工业互联网典型应用场景66个。

面向"十四五"规划,武汉市锚定建设国家中心城市、长江经济带核心城市总体定位。一是加强基建投资合作,打通"5G+工业互联网"大动脉。加大新基建投资,完善工业互联网标识解析体系,推动5G网络高质量全覆盖。二是加强产业发展合作,共同做强"5G+工业互联网"大产业。围绕数字赋能发展,培育标杆企业和"专精特新"企业,力争三年建成若干全球"灯塔工厂"、10家标杆链主工厂、100家示范智能工厂。三是加强科技创新合作，共同开展"5G+工业互联网"大攻关。发挥科教人才优势，加强政产学研联动，打好关键核心技术的攻坚战，打造"5G+工业互联网"科技策源地，实施应用场景"揭榜挂帅"行动，支持企业开展模式创新。四是加强工业网安合资，共同开展"5G+工业互联网"大治理。依托国家网络安全人才与创新基地，开展标识解析系统安全、工业控制系统安全、工业大数据安全合作，探索建立工业数据从采集到应用全链路的治理规则，建好"5G+工业互联网"防火墙，筑牢经济安全防线。

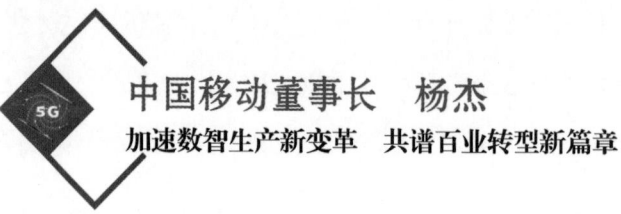

中国移动董事长　杨杰
加速数智生产新变革　共谱百业转型新篇章

"5G+工业互联网"的融合创新，是信息技术深度赋能实体经济的具体体现。自 5G 商用后，工业互联网发展按下快进键，呈现三方面发展趋势。一是产业体系更加完善，网络、平台、数据、安全等全产业链体系逐步健全，产业生态快速壮大。二是服务领域更加广泛，从个别典型领域向钢铁、机械、电力等数十个国民经济重点行业加速扩散，高端领域竞争力逐步提升。三是应用环节更加深入，从生产辅助环节向生产核心环节逐步渗透，5G 全连接工厂、机器视觉检测、精准远程操控等应用场景已具备规模复制条件。中国移动全面建立了"5G+工业互联网""1+1+1+N"产品体系，携手产业伙伴在工业领域打造了近 30 个典型应用场景，拓展实践 1200 余个"5G+工业互联网"项目。

面向新的历史阶段，中国移动将锚定世界一流信息服务科技创新公司的目标定位，按照"力量大厦"的战略部署，全力推进"新基建"、融合"新要素"、激发"新动能"，构建基于 5G+算力网络（CFN）+智慧中台（AaaS[①]）的"连接+算力+能力"新型信息服务体系，加速实现网络无所不达、算力无所不在、智能无所不及，推动工业互联网发展迈入新阶段，

---

① AaaS 即 Analyze as a Service，分析即服务。

助力数字经济蓬勃发展。

第一，提供高速、移动、安全、泛在的"连接服务"，夯实工业互联网发展基础。中国移动将全力打造覆盖全国、技术先进、品质优良的"双千兆"网络。一是深化网络共建共享、多频协同，推动5G网络向深度覆盖发展，面向产业园区等重点场所实现千兆光纤网络覆盖。二是推动5G工业专网升级，加快引入多天线增强、上行增强、定位增强等关键功能，满足大带宽、低时延、高可靠、高精度等工业企业重点需求。三是构建全方位安全防护体系，加快标识解析节点建设，完善工业SLA[②]服务保障标准，实现网络安全威胁自发现和上下协同自防御。

第二，打造一点接入、即取即用的"算力服务"，加速工业互联网演进升级。在物理空间融通方面，面向国家"东数西算"部署，进一步优化全国"4+3+X"数据中心建设布局。在逻辑空间融通方面，面向"中心+边缘+端侧"三级算力联动，加快工业边缘云节点建设，打造支持多种工业协议的行业"云终端"，构建"算网大脑"，实现算力精准高效供给。在异构空间融通方面，进一步丰富X86、ARM通用算力和GPU[③]、ASIC等专用算力资源，高效满足工业AI、数字孪生、工业机器人等多样化应用对不同类型算力的需求。

第三，输出统一封装、灵活调用的"能力服务"，推动工业互联网开放赋能。中国移动将加快建设具有运营商特色、中国移动特点的"业务+数据+技术"智慧中台体系，创新AaaS服务模式。在通用能力方

---

② SLA即Service Level Agreement，服务等级协定。
③ GPU即Graphics Processing Unit，图形处理器。

面，依托集中统一的智慧中台，汇聚和积淀内外部优质能力与共性技术工具，实现机器视觉、远程操控、安全防护等工业企业所需关键能力的灵活调用。在行业平台方面，通过智慧中台的敏捷支撑和高效共享，加速OnePower、OnePoint等行业平台的升级，更好地赋能制造、电力、矿山、港口、冶金等领域创新。在产业赋能方面，构建数智化咨询和一站式集成交付能力，打造面向多样化场景的DICT[④]解决方案，加速千行百业的数智化转型。

中国移动愿与各界伙伴携手，共同推动5G和工业互联网深度融合，更好赋能实体、服务社会、造福人民。

---

④ DICT即大数据和信息通信技术。

中国联通董事长　刘烈宏
构筑 5G 算网一体底座　赋能工业智能升级

中国联通坚持主动服务国家战略和经济社会发展需要，深入落实工信部系列部署，开展了"强基行动、引擎行动、护航行动、共创行动、绽放行动"五大专项行动，厚植工业互联网发展沃土，深化工业互联网应用实践，共创工业互联网产业生态。

近年来，中国联通紧跟技术升级，构筑"以联接为基、以算力为核、以安全为盾"的算网一体底座，推动数字技术与工业深度融合。

以联接为基，就是积极建设高速泛在的基础网络，保障各类生产场景数据互联与流通，为工业企业数字化转型"打通堵点、连接断点、消除痛点"：与中国电信建成全球规模最大、速率最快的 5G SA 共建共享网络，发布虚拟专网、混合虚拟专网两大类 5G 专网产品，打造软件定义的工业外网（产业互联网络），并提供全球化的物联网能力。

以算力为核，就是积极构建智能敏捷的算力融合体系，为工业生产核心环节的个性化需求提供"随时、随地、随心"的算力服务：积极落实"东数西算"与"双碳"战略要求，进行"5+4+31+X"的新型数据中心布局，打造"一网联多云，一键网调云"的云网一体化能力。

以安全为盾，就是积极建立网络空间"攻防兼备"的第一道防线，为工业企业提供"可信、可靠、可控"的安全保障，筑就数字安全"新长城"：

面向工业企业构建四大产品体系，打造坚不可摧的5G"终端—网络—平台—应用"的端到端安全链。

中国联通围绕工业典型场景，打造了五大类15小类应用及2000余个标杆项目，赋能工业生产更安全、更智能、更柔性、更高效。

中国联通始终坚持开放、合作理念，致力于携手产业各方共同锻造"5G+工业互联网"的"撒手锏"，共同打好融合创新"团体赛"，携手推进"5G+工业互联网"应用从"样板间"向"商品房"加速转变。一方面，聚焦细分领域应用创新，与行业、互联网领域等合作伙伴成立了联通数字科技有限公司、5G生态伙伴体系、5G应用创新联盟、中国联通"工业互联网网络技术应用实验室"等一批创新合资公司和机构。另一方面，在湖北设立5G创新母基金，在武汉落户面向教育的云启公司总部，设立多个行业的研发基地，取得了一批丰硕的合作成果。

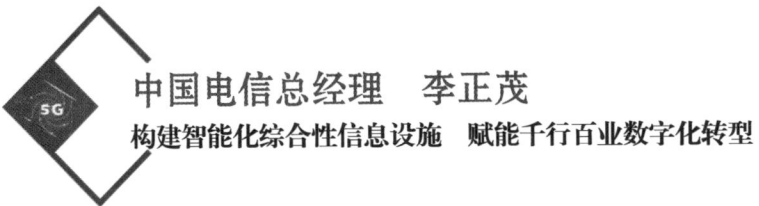

中国电信总经理 李正茂
构建智能化综合性信息设施 赋能千行百业数字化转型

当前,数字技术正深刻影响着经济增长路径、生产力发展阶段和各行各业发展进程,集中体现为"三个加速演进":一是世界经济正从工业经济引领向数字经济驱动加速演进;二是生产力发展阶段正从动力时代向算力时代加速演进;三是数字经济的底座正从连接为主的网络基础设施向云网融合的数字信息基础设施加速演进。

中国电信作为在业界最早提出"云网融合"理念的综合智能信息服务运营商,以构建智能化综合性数字信息基础设施为职责使命,全面实施"云改数转"战略,不断夯实数字经济发展底座,扎实推动经济社会数字化转型。中国电信的实践具体体现在建设高速泛在的精品网络、形成天地一体的全业务能力、构建云网融合的新型信息基础设施、提升智能敏捷的运营能力、坚持绿色低碳的发展模式及坚守安全可控的发展底线六个方面。

在推动全社会数字化转型的同时,中国电信聚焦重点,加大数字技术在工业领域的创新应用,为产业数字化转型提供专业支撑和保障。

一是以推动 5G 定制网规模复制为目标,创新推出 5G 能力魔方。5G 商用以来,中国电信按照"网定制、边智能、云协同、应用随选"的思路,加快推出 5G 定制网。梳理行业客户的业务需求,形成五库一图解决方案知识库，创新提出 5G 定制网能力魔方，把行业客户的需求快速转变成 5G 云网基础设施的配置参数，有效推动了 5G 定制网的规模复制。

二是以推动产业数字化转型为目标，打造行业数字化平台。基于天翼云，中国电信打造了一系列数字化平台，把自身的数字化基础设施作为一种能力，直接对外提供服务。目前，已完成数据中台、业务中台、安全中台建设，梳理出 1000 多项对外开放调用的原子能力。在工业领域，中国电信打造工业互联网公共服务平台，助力工业产业数字化转型，覆盖矿山、电力等 20 多个细分行业。

三是以提升企业数字化服务能力为目标，自主研发工业互联网平台。中国电信自主开发通用工业互联网平台，帮助 IT 开发力量不足的工业企业采集和运用工业数据，提升企业数字化服务能力。该平台与龙头企业主导的工业互联网平台相比，突出特点是生态中立，不依附任何企业，有利于最大规模地实现行业数据共享交换。

四是以自主安全可控为目标，构建工业内网统一安全防护体系。中国电信向工业企业内网输出自身安全能力，自主研发了安全的 SD-WAN 网关、工业控制网关等，部署了差异化的安全防护系统，合作开展了端到端的安全防护，共同打造了安全能力池，实现了端到端一致的安全策略。

五是以推动 5G 产业链繁荣为目标，构建开放共赢的生态体系。中国电信秉承开放包容理念，与产业各方一道，围绕行业、内容、应用、云、终端等，提供了 600 多个开放的原子能力，构建了合作共赢大生态。中国电信将向合作伙伴提供云网融合基座及原子化开放能力，助其做好平台的平台，推动跨平台合作，促进工业互联网产业协调发展。

中国电信在"5G+工业互联网"领域实现了规模推广,在煤矿、钢铁、化工、家电、装备等行业取得了明显成效。中国电信为亚洲最大的露天煤矿准能集团搭建了 5G 网络,赋能矿卡的无人驾驶;在湖北荆州、广东佛山、重庆等地,为美的集团打造"灯塔工厂",缩短了产线时间,提高了生产效率;在三一重工两个园区实现 5G 全覆盖,打造 5G 边缘计算网络,实现国产自主可控。这样的应用案例已有上千个,今后还将大幅增加。

数字经济的风帆已经扬起,工业互联网的未来大有可为。中国电信将紧紧抓住数字经济发展的战略机遇,坚定实施"云改数转"战略,积极赋能注智千行百业数字化转型,为我国经济社会发展作出新的更大贡献。

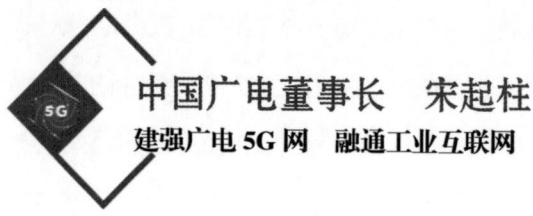

中国广电董事长 宋起柱
建强广电5G网 融通工业互联网

中国广电定位为媒体、信息和科技融合的平台型企业,将着力深入贯彻新发展理念,主动融入新发展格局,加快建设广电的5G网络,加速推进"5G+工业互联网"融合应用,壮大数字经济发展新动能。

一是着眼建立5G和有线一体化高品质网络。中国广电将顺应广播电视网、消费互联网和工业互联网融合共生的演进趋势,坚持以IP化、云化、智能化、融合化为发展方向,推动建设全互联、广连接、广电和通信技术融合的新型广电网络。一方面,深化共建共享,建设高品质5G网络。着力加快700 MHz频率迁移工作,推进700 MHz和5G NR广播电视国家标准以及700 MHz 5G终端成熟。截至2021年10月底,新入网5G终端支持700 MHz的占比已达72%,年底前将建成20万个基站,2022年上半年累计建成48万个基站。另一方面,立足云网端协同,加快推进有线网络改造升级。重点实施国家干线网扩容工程,建好互联互通平台和国家IP骨干网;合理布局大中小数据中心,建成层次化CDN[①]中心;加快有线电视网络"双千兆"升级,推动网络光纤化、传输IP化、终端智能化改造升级;推进业务中台、数据中台、运营和运维平台等建设,构建技术

---

① CDN即Content Delivery Network,内容分发网络。

统一、能力开放、安全有效的智慧中台和支撑平台；推动有线、无线和卫星网络协同发展，建设兼具宣传文化和综合信息服务特色的、可管可控的新型智慧融合网络。

二是探索融合共生，创新广电"5G+工业互联网"应用服务。中国广电以推进全国有线电视网络整合和广电 5G 建设一体化发展为契机，充分发挥 700 MHz 优势，深入实施工业互联网创新发展战略，聚焦政用、民用、商用领域，在网络建设、技术融合、平台开放、生态培育等方面多点发力，推动广电 5G 与工业互联网融合创新发展。

三是聚焦差异化，激活广电"5G+工业互联网"融合应用的新动能。打造广电"5G+工业互联网"差异化发展优势，发挥广电 5G 网络覆盖和媒体领域生态资源的优势，强化内容为王、品质至上，构建"科技 + 媒体 + 通信"融合发展新范式。

四是筑牢安全基石，构建工业互联网网络安全公共服务平台。中国广电已启动国家级工业互联网网络安全公共服务平台建设，打造实时可控的安全体系，面向企业提供安全防护服务。

中国广电将携手各界伙伴融合创新，共建繁荣的"5G+工业互联网"产业生态，为建设网络强国、数字中国贡献广电力量。

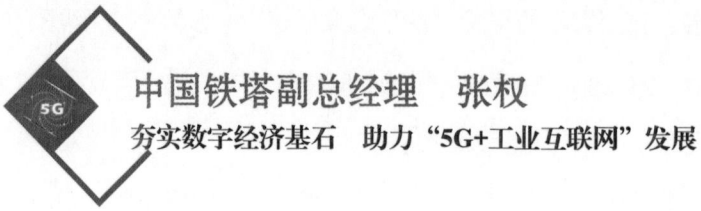

中国铁塔副总经理 张权
夯实数字经济基石 助力"5G+工业互联网"发展

作为党的十八大之后成立的年轻央企，中国铁塔在成立之初就肩负起通信基础设施建设"国家队"和5G新基建"主力军"的重要使命。7年来，中国铁塔持续深化行业共享，在充分共享存量铁塔资源的同时，积极推动变"社会塔"为"通信塔"，利用电力塔、路灯杆、监控杆、物业楼宇等社会资源，变以往的"单点建塔"为综合覆盖解决方案，实现与环境和谐共融；先后协助运营商打造了京张高铁、北京冬奥场馆、武汉"七桥一线"、黄鹤楼景区等系列精品工程，得到了政府、电信企业及社会各界的一致认同。

5G发展是系统工程，需要各方协同推进。截至2021年11月，中国铁塔已经与各级政府签订了战略合作协议，383个地市开放公共资源，90%以上的县区将5G站址纳入城乡规划，公司现有铁塔站址210万个，电信企业基站规模增至公司成立前的2.3倍。

在湖北，中国铁塔累计交付5G基站4.9万个，铁塔"数字基石"作用充分彰显。在湖北嘉鱼，中国铁塔建设的渔政执法信息平台，有效解决了长江十年禁渔执法监管难题。无处不在的铁塔资源成为数字经济、智慧社会、"5G+工业互联网"的战略性基础设施，通过服务千行百业，赋能数字经济，融入社会治理。

中国铁塔还将基站资源与电力保障能力向社会延伸,提供铁塔换电、备电、充电等多元化智慧能源服务。截至 2021 年 11 月,已在 260 个城市开展铁塔换电业务,部署换电网点 4 万多个,服务用户突破 50 万,日均换电次数超过 100 万次。公司构建的数字化、网络化、智能化、绿色化换电网络已经成为数字基础设施的新范例。

未来,中国铁塔将立足共享,全力支撑 5G 建设,加快打造"数字塔",着力夯实数字经济基石,助力"5G+工业互联网"更好地服务数字经济。

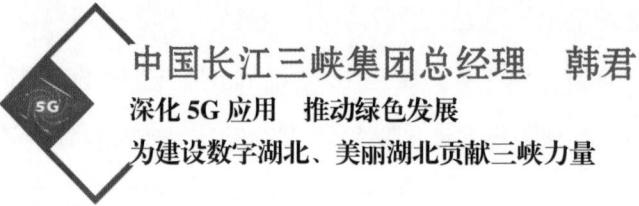

中国长江三峡集团总经理　韩君
深化 5G 应用　推动绿色发展
为建设数字湖北、美丽湖北贡献三峡力量

近年来，三峡集团奋力推动清洁能源和长江生态环保两翼齐飞，充分应用"5G+工业互联网"技术，加快建设世界一流清洁能源集团和生态环保企业，现已发展为资产过万亿元、装机超 1000 万千瓦，清洁能源占比超过 96% 的我国最大的清洁能源集团。5G 作为支撑经济社会数字化转型的关键技术，与工业互联网的融合将加速数字中国、智慧社会建设，加速我国新型工业化进程，为我国经济发展注入新的动能。

5G 与清洁能源和生态环保的产业融合发展是时代所需，大有可为，将为"5G+工业互联网"提供更为广阔的应用场景、更为丰富的典型案例。近年来，三峡集团充分发挥行业引领优势，努力当好"5G+工业互联网"的积极践行者和贡献者，积极探索具有三峡特色的数字产业化、产业数字化发展新路，引领推动清洁能源和生态环保行业质量变革、效率变革、动力变革。

三峡集团坚持 5G 赋能工程建设，全面开展基于 5G 的大坝智能建造，深化应用 5G 等现代信息技术，成功打造了智能大坝，为全球大型水电工程智能建造提供了中国方案。三峡集团坚持用 5G 助力能源革命，全面开展基于 5G 的智慧能源运行，开发建设了三峡能管云平台，为城市能源规划、城市能源基础设施建设、城市能源运行管理提供了解决方案和实施路径。三峡集团坚持用5G引领绿色发展，全面开展基于5G的智慧水务建设，积极构建水务物联网，推动长江经济带城镇污水治理提质增效，目前正在试点打造地市级智慧水务平台，以推动城市水环境质量的整体效益提升。

湖北产业基础雄厚、创新资源富集、发展前景广阔，三峡集团与湖北省在数字经济领域的合作已经驶入快车道，一批重大项目正在加快建设，为湖北省打造全国数字经济发展新高地、武汉市建成全国数字经济标杆城市提供了重要的支撑。三峡集团将积极推动5G与清洁能源和生态环保业务融合发展，将其摆在更加突出的位置，营造更为开放共享的5G发展生态，掌握更为自主可控的5G关键技术，努力让能源更智慧、让环境更美丽、让生活更美好，为数字湖北、美丽湖北贡献三峡力量。

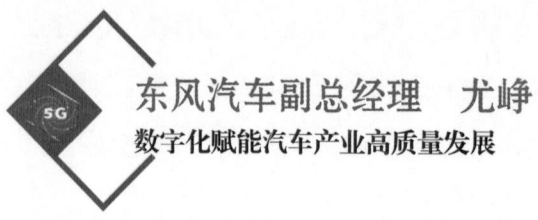

东风汽车副总经理　尤峥
数字化赋能汽车产业高质量发展

从 20 世纪开始，汽车行业信息化经历了四个阶段：一是处理简单数据从无到有；二是处理简单流程从有到优；三是系统性建设多点布局；四是支持管理决策的互联互通。当前，汽车产业正处于从第三阶段到第四阶段跨越的关键时期，工业互联网是关键之首。

根据 2021 年年初工业和信息化部发布的《工业互联网创新发展行动计划（2021—2023 年）》，东风集团从网络层、平台层、应用层三个层面构建工业互联网体系。在网络层，基于 5G、IPv6 等技术，优化工厂线网络、集团骨干网和外部互联网。2019 年，东风集团建成了标识解析体系二级节点和企业节点，这是湖北省和汽车行业首个二级节点。在平台层，重点打造东风云，构建全方位的云服务和安全保障能力。

在应用层，东风集团通过探索实践，挖掘六大应用场景。

一是数字化研发。基于数字孪生等技术，将经验、技术和数据有机结合，大幅提高了研发效率。2021 年 9 月，东风集团发布"星核跃迁"数字研发三纵三横体系，以技术平台、网络安全、数字体系为三横支撑，以数字产品、数字业务和数字生态为三纵举措，打造智能化全栈自研智慧中心。东风集团整体的研发周期从 36 个月缩短到 24 个月。

二是智能化生产。目前，东风集团在武汉已建成多个智能化工厂，全面应用虚拟仿真等先进的生产管理系统技术，实现了系统自动排产、质量在线检测、智慧物流、仓储等功能，搭建了工艺设计平台数据，实现了 3D 数据贯穿工艺规划的全过程，让新车的生产准备周期缩短了 20%，工艺设计成本下降了 15%，新品质量提高了 10%。

三是网络化协同。围绕用户全流程需求，通过互联网平台打通产品、研发、采购、生产到销售的全价值链资源，实现了全生命周期的动态优化配置。目前，东风集团已实现通过数字平台贯穿用户的售前、售中、售后全流程，打造线下体验和线上购买的模式。围绕"双碳"目标，东风集团正在探索构建碳足迹数据分析平台，从车辆循环和燃料循环两个方向推动实现碳减排。

四是个性化定制。通过实时互联，让企业和客户可以无缝互动，把客户的主张融入设计、制造、销售过程，为客户提供更好的个性化定制产品和服务。当前，在东风集团十堰基地的中重卡工厂、襄阳基地的轻卡工厂，都可以定制生产基于客户需求的整车产品。在武汉基地，2020 年首届中国 5G+工业互联网大会上，岚图汽车和中国联通签约共建智慧工厂，目前已经实现一车一 BOM[①]，未来将在工业互联网的加持下，真正实现从"千人一车"到"千人千车"。

五是服务化延伸。自动驾驶、5G 港口的无人集卡目前已在厦门港常态化运营。东风集团正在打造面向未来的升级服务，通过连接人、车、服务的网络，实现故障自动预警、保养智能提醒、资源自动匹配、规则自动

---

① BOM 即 Bill of Material，物料清单。

检核，减少因故障导致的停车时间和维修时间，为车主提供更优质的服务。

六是精益化管理。通过全面连接数据驱动和全局优化，提升实时决策水平，实现经营管理降本增效提质。当前，东风集团通过打通200余家分/子公司的数据，构建了上下一体的决策中心、指挥中心、对标中心、知识中心，建设了集团管理运营的控制系统，覆盖14个业务领域、49个分析主题、近700个核心管理指标，累计接入数据4.4亿条，为东风集团打造智慧型总部提供了有力支撑。

面向"十四五"规划，东风集团发布了"东方风起"计划，将公司定位于为用户提供优质汽车产品和服务的卓越科技企业，通过科技跃迁行动，努力实现高水平的科技自立自强，打造行业领先的核心技术与平台架构，与伙伴携手打造绿色、智能生态，发挥数字经济对企业发展的放大、叠加和倍增作用，推动数字化转型。

华为轮值董事长 胡厚崑
夯实基础 共创数字化新格局

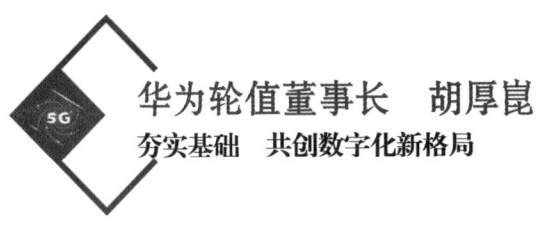

"5G+工业互联网"正赋能千行百业的数字化转型,数据驱动是关键。要实现数据取得出、算得快、用得好,连接更多设备、降低 AI 门槛、发展工业软件,是现阶段的重点投入领域。

首先,连接更多设备。当前,由于工业设备数据采集的成本高、周期长、整合分析难,我国工业设备的联网率只有 23%,这成为数字化转型的瓶颈。连接更多设备可以从数据采集标准化和提升网络能力两方面入手。各方要制定统一的数据规范,推进工业协议的标准化,降低设备联网难度,使广大企业受益。

通过建立华为设备物联标准协议,华为完成了 38 类工业协议的适配,在南方工厂已经实现 7 万套工业装备联网。这一套物联标准也被华为的制造合作伙伴应用,有效提高了跨企业的协同效率。连接技术如 5G、F5G 全光连接及 IPv6+ 等也在持续与行业应用融合创新,以满足工业领域低时延、高可靠、高安全的需求。

其次,降低 AI 门槛。AI 是用好数据的关键,但当前 AI 在行业中的普及,面临应用开发的碎片化及开发人才门槛高的挑战。预训练大模型,可以帮助企业提高 AI 开发效率,推动"手工作坊式"的开发模式走向"工业化"模式。

在国网重庆永川供电公司的无人机电力线智能巡检场景中，依托华为盘古大模型，生成了电力行业预训练模型，实现了以较少的人工标注进行快速迭代的目标，使样本筛选效率提高约 30 倍。同时，可以做到一个模型适配上百种缺陷，替代原有 20 多个小模型，极大地减少了模型维护成本，模型平均精度提高 18%，模型开发成本降低 90%，真正做到了规模化可复制。

大模型离不开大算力的支持。2021 年 5 月，华为在武汉启用了人工智能计算中心，已达到 200 PFLOPS[①] 的算力，面向遥感、多模态等领域推出了相应的大模型。这些算力和模型，将以更普惠的方式提供给各研究机构、企业、开发者使用，有助于降低人工智能应用门槛，加速行业数字化转型。

最后，发展工业软件。在行业数字化转型呼唤新的工业软件体系的背景下，全产业、全社会要协作起来。政府可以搭台，注入政策、资金、公信力，引导产业链关键角色和环节优势互补，形成产业合力。行业龙头企业作为需求方，可以联合各领域的专业软件开发商、服务商，共同建设工业软件新生态。

以电子、汽车、装备、家电、建筑等行业龙头企业的数字化需求为牵引，华为联合超过百家的工业设备、工业软件企业，以华为云为底座，分别打造细分领域的工业软件云。

此外，华为正在打造两个操作系统，一个是面向端侧的 HarmonyOS，

---

① PFLOPS 即 Peta Floating-Point Operations Per Second，千万亿次浮点运算每秒。

另一个是面向数字基础设施侧的欧拉。华为已把这两个操作系统开源开放，为合作伙伴打造场景化的商用操作系统提供底座。

"5G+工业互联网"是赋能千行百业智能升级的关键力量。各行各业正抓住产业升级的机会，加大投入，夯实基础，共同开创数字化新格局。华为联合合作伙伴一起快速打造充分适应行业需要的解决方案，推进各行各业的快速规模复制。华为将始终坚持"有所为，有所不为"，聚焦在自己擅长的 ICT 领域，以积极开放的心态，全力支持伙伴和客户一起共建共创，加速行业数字化进程。

中国信科集团董事长　鲁国庆
以牢固数字底座助力"5G+工业互联网"发展

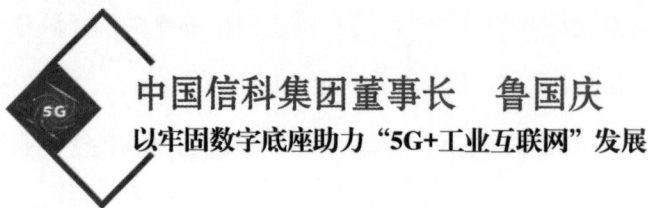

对"5G+工业互联网"而言,数字底座是基础,安全是保障,应用是关键。中国信科深化"一体两翼"产业布局。"一体"就是以"云网一体化"为主体,包含智慧光网、智简5G以及低碳云数据中心的解决方案和产品等,构成新型数字基础设施底座的支撑。"两翼"分别对应光电子和集成电路产业以及智能化应用业务,构成产业链、供应链安全方面和"5G+工业互联网"实际应用的有效支撑。

具体而言,"一体两翼"中,"云网一体化"从技术和产业上覆盖了以网络连接为基础的通信基础设施,以计算和存储为基础的算力基础设施,以人工智能、大数据、区块链等新技术为基础的新技术基础设施。

基于数字化转型底座,在"5G+工业互联网"应用上,中国信科从"端—边—网—云—智"五个维度,打造每一层国产自主研发可控的工业互联网网络体系、平台体系和安全体系,为在这三大体系内的应用进行赋能。

据悉,通过与各行业企业的深度合作,中国信科打造了5G+钢铁、5G+矿山、5G+智能车间等系列典型应用。

推进"5G+工业互联网"发展、加快产业数字化转型是一项复杂的系统工程,其艰巨性、长期性和系统性不可低估。行业这么多,没有任何一家企业能通吃，也没有任何一成不变的产品能适用于所有行业。中国信科也是产业链上的一个环节，我们需要与合作伙伴共同打造数字化转型协同生态。

建议设立以打通"端—边—网—云—智"实现端到端数据互通的验证和测试中心，为产业链上下游的技术创新、产品创新提供技术验证环境。设立以实现"个性化定制""智能化生产""网络化协同""服务化延伸"工业互联网四大应用模式、面向产业链中小企业提供服务的业务协同中心，为实现产品快速开发和投放、快速响应市场提供产业链协同环境。

加大对新型数字基础设施的自主创新，特别是对"卡脖子"的 5G 核心芯片和关键器件研发与产业化的支持。尤其要"以用促建、建用并重"，加快突破，实现自主可控。

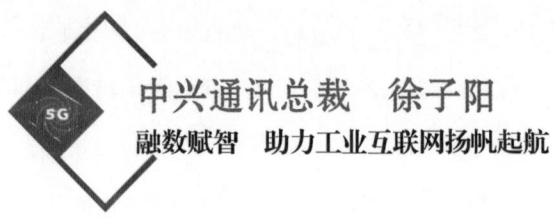

中兴通讯总裁　徐子阳
融数赋智　助力工业互联网扬帆起航

在信息化与工业化融合的时代背景下，对泛 5G 和工业互联网等新型信息技术的创新应用探索方兴未艾，制造业数字化、网络化和智能化转型升级已然开启。不管是离散制造行业还是流程制造行业，都有"降本、增效、提质、安全、绿色"的刚需，未来希望能构建柔性智能制造，以便更好地应对不确定性风险和支持商业模式创新。

中兴通讯既是智能制造的推动者，也是智能制造的实践者。当前，5G 全覆盖的南京滨江生产基地每分钟可以完成 5 台 5G 基站的生产，并承担着中兴 60% 以上的产能。基地自 2020 年 3 月正式投产，就已经制定了从"数字滨江"到"智能滨江"再到"极致滨江"的五年规划：首先聚焦降本提效，探索 5G 典型应用；2021 年逐步进行 IT+OT 域的深度融合，加速生产向全面自动化和智能化迈进；实现生产和运营的极致优化，打造"黑灯工厂"。基于一张确定性的 5G 精准网、"工业智能制造"和"智慧园区"两个分布式精准云平台、N 个场景的业务实践，实现装备智联化、制造数字化和运营智能化。目前，滨江生产基地已经接待超过千家企事业单位、上万人次的参观交流。中兴携手中国电信共建 5G 工业互联网应用超市，加快滨江新基建项目成果的复制推广，引导企业愿用 5G、多用 5G，探索 5G 企业专网运营及商业模式创新。

实践过程中，中兴特别注重典型创新应用的抽象和沉淀，形成16大类60余项5G+工业融合创新应用示范库，积极推动制造流程的重塑和变革，向智能制造演进。

目前，滨江的智慧制造实践，在降本、提质、增效方面已经给中兴通讯带来显著的收益：装配质量漏检率降低80%，关键工序不良率降低46%，产线人员减少28%，产线调整周期缩短20%等。同时根据西门子的测评报告，滨江工厂的数字化典型应用总体水平为2.5，高于业界2.0的平均水平，精益成熟度总体水平为2.6，远超业界1.9的平均水平。

跟其他行业类似，场景和应用碎片化是工业互联网必须面对的问题，而产业和生态的健康良性成长又离不开规模效益的支撑。从2020年年中提出精准云网之后，中兴始终在不断的应用创新实践中迭代完善相应解决方案。底层是精准云网，通过技术创新持续提升云网确定性能力的同时，将能力原子化，支撑根据场景的精准组合；中间是工业积木化组件库，可以将AGV、机器视觉、高精度定位等业务标准化为通用组件，以积木化的方式形成赋能平台，与场景应用创新循环迭代，从而在一定程度上解决定制化和规模化之间的冲突，助力工业互联网扬帆远航。

下一步，中兴将携手运营商、行业和生态伙伴，不断拓展5G应用场景，为行业创造增量价值。

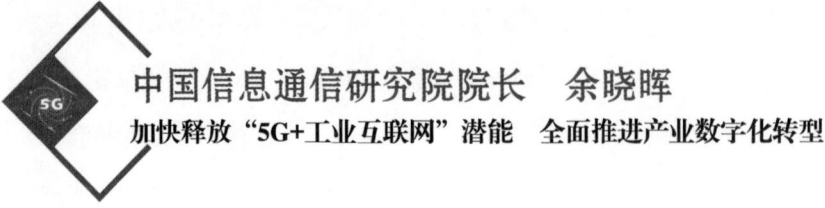

中国信息通信研究院院长 余晓晖
加快释放"5G+工业互联网"潜能 全面推进产业数字化转型

5G不仅是支持多个应用场景的一种信息传输技术，还与人工智能、大数据、云计算等新一代信息通信技术一起构成了赋能工业数字化转型的数字技术集群。

低时延和确定性是实现5G在工业领域规模化应用的关键，5G能不能在工业领域被真正接纳，成为一个赋能各个环节的变革性技术，取决于它能否真正解决好低时延和确定性问题。两年前，全球的无线网络在工业应用的比例只有5%，随着5G R16、R17这两个版本在低时延、高可靠、广覆盖、大连接等方面能力的增强，几乎所有行业对5G的创新应用都寄予了非常高的期望。

如今，"5G+工业互联网"已初步展现出变革性的赋能意义。例如，在采矿行业"5G+工业互联网"应用实践方面，截至2020年年底，全国已建成400多个智能化采掘工作面，19种煤矿机器人在井下使用，71处煤矿被列入国家首批智能化示范建设煤矿。采用5G等信息化新手段以后，生产效率提高了20%~30%。按照日产一万吨、每吨煤600元测算，企业年均增效将达4亿元。

在电子制造业"5G+工业互联网"应用实践方面，华为南方工厂（团泊洼）的柔性生产线上的138个设备完成了5G改造，形成了柔性生产制造、机器视觉质检、厂区智能物流、现场辅助装配等六大类应用。

截至 2021 年，工业和信息化部发布的"5G+工业互联网"10 个重点行业 20 个典型应用场景，已经覆盖了比较主要的行业。其中我们看到可喜的变化是，5G 在工业领域的应用范围扩展了，5G 与生产环境的结合更加紧密了。今后在推动"5G+工业互联网"持续深入应用赋能的过程中，要解决几个突出的问题。

第一，要解决 5G 工业芯片模组价格高的问题，消除"5G+工业互联网"发展遇到的产业瓶颈。现在 5G 模组价格是 4G 模组价格的 10 倍以上。为此，一方面要进行模组精简化，现阶段 5G 通用模组存在大量的功能冗余，精简化模组是短期内降本的重要途径。另一方面，要推动模组定制化，根据行业需求，增强或削弱部分基本功能，与行业业务特性相结合。

第二，要解决 5G 终端匮乏的问题，不断丰富 5G 通用终端和行业终端。在 5G 通用终端方面，要加强三类终端研发，分别是：工业 5G 网关、5G CPE[①]、5G DTU[②]、5G TSN 交换机等基础连接类终端；车载终端、巡检机器人等运动控制类终端；以及 5G 摄像头、工业 5G 相机、5G AR/VR 等视频类终端。在 5G 行业终端方面，要加强电力授时 CPE、5G 医疗手术机器人、5G 煤矿防爆摄像头、5G PLC、5G AGV、5G 掘进机等行业特色终端的研发与产业化。

第三，要进一步优化"5G+工业互联网"产业公共服务平台。既要继续构建供给侧公共服务平台，服务各环节技术创新，又要开展产业链监测

---

① CPE 即 Customer Premises Equipment，用户驻地设备。
② DTU 即 Data Transfer Unit，数据传送单元。

评估等需求侧平台建设，形成产业发展的闭环。

下一步，5G URLLC 将分阶段匹配工业控制应用需求，激发更深层面的变革创新。一是推动 5G URLLC 标准逐步落地应用，推动 5G 技术深度融入工业应用场景，真正匹配工业控制需求。二是推动 5G+TSN 与 URLLC 技术能力的融合，通过 TSN over 5G、5G over TSN，以及端到端 TSN 化的 5G 三个阶段，有序推动 5G 与 TSN 的融合部署应用。三是推进 5G URLLC+工业控制应用落地试验，依托工业互联网产业联盟开展"5G URLLC"先锋营活动，加速产业生态圈培育。

专家视点

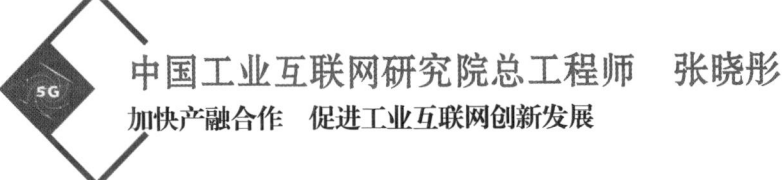

中国工业互联网研究院总工程师　张晓彤
加快产融合作　促进工业互联网创新发展

2020年工业互联网产业增加规模达到了3.57万亿元，占GDP的比重达到3.51%。近年来，我国工业互联网创新发展步入快车道，预计2021年，工业互联网产业增加规模突破4万亿元，成为促进我国经济高质量发展的重要力量。

工业互联网是第四次工业革命的重要基石，是工业经济数字化、网络化、智能化发展的关键驱动力，也是支撑数字经济与实体经济深度融合、实现经济高质量发展的重要基础设施。截至2021年11月，我国已培育出100个以上具有行业特色和区域影响力的工业互联网平台，连接工业设备数量超过7300万台，其中全国"5G+工业互联网"项目超过1800个，5G应用创新案例超过10 000个，数量和创新性处于全球第一梯队。打通产业发展、科技创新、金融服务生态链，形成产融结合、良性互促的发展格局，是促进工业互联网创新发展的有效途径。一方面，工业互联网涉及基础设施建设、融合创新应用、产品升级等，需要大量稳定持续的资金投入，需加大金融支持力度。另一方面，工业互联网发展潜力巨大，是投资的新蓝海。

中国工业互联网研究院高度重视产融合作，一是建设国家工业互联网大数据中心，为产融合作提供对接渠道和数据保障。当前大数据中心已对接 34 家工业互联网平台，覆盖企业超过 240 万家，汇聚各类数据超过 3 亿条。二是建设工业互联网产融合作平台，推动企业主体进行数字化转型以及数据开放共享，将工业大数据与企业信用风险评价指标体系相结合，支撑银行等金融机构探索金融产品创新。三是支撑中小企业信用担保业务，截至 2021 年 10 月底，已为超过 3500 家担保机构提供服务。

下一步，中国工业互联网研究院将继续夯实产融合作基础，高质量推进工业互联网大数据中心建设，以信息流有效引导资金流；强化产融合作平台功能，不断提升资源汇聚和需求对接能力；提升产融合作服务水平，与业界共同开展工业互联网领域产融合作研究与探索，助力工业互联网创新发展。

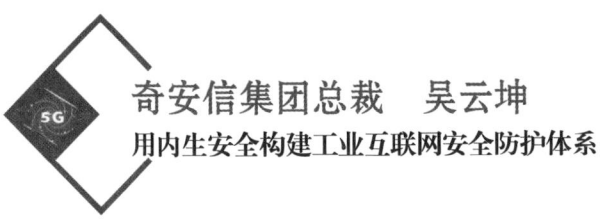

奇安信集团总裁　吴云坤
用内生安全构建工业互联网安全防护体系

工业互联网的发展进一步加速了工业企业的智能化升级，其中包括个性化定制、数字化管理以及智能化生产等。而数据是工业互联网的核心要素之一。

工业互联网与 5G 深度融合是颠覆性的。融合的过程改变了网络甚至整个数据体系。而数据流动为工业安全带来了极大的风险。

如今，工业互联网的安全性被提升到前所未有的高度。安全先行便是这样一种含义，即必须是全流程全系统的整体安全。因此，需要企业管理者利用内生安全来构建工业互联网安全防护体系。

内生安全主要包括两个部分。第一，系统工程的理论。系统工程理论是要把整个信息化打开，从规划建设开始就把能力嵌入，这是系统工程的方法论。第二，信息化与网络安全技术的融合。这里的融合不仅涉及技术融合，也包括流程融合、人员融合，从而解决安全与信息化发展"两张皮"的问题。

网络安全一般包括态势感知和管控中心。它们实际上是实体防护和信任体系的重构。实体防护更多的是一种"外挂式"的物理防护，而信任体系的重构则指的是通常所说的零信任体系。零信任体系解决的是数据流动过程当中的信任问题，整个工业互联网当中的信任体系不完备，会导致未来内部威胁变成工业互联网最大的风险源。

工业互联网的防护，不单单是工业互联网企业的防护，还涉及产学研用，包括从监管机构到工业企业设备生产。这个过程是全系统全方位的统筹，需要从上到下系统地考虑。有一些防护重点需要特别说明：第一，主机防护；第二，安全风险监测；第三，网络架构的调整；第四，盘点所有硬件，统筹兼顾；第五，面向大数据应用的数据安全防护。

在工业互联网的发展过程中，尤其要注重这三点：模式（安全及服务）、体系（管控体系、安全体系和运营体系）以及相对应的工作平台，这是未来在整个工业互联网安全当中需要特别考虑的问题，特别是工业化与信息化的融合，必须用内生安全的理念来解决问题。

专家视点

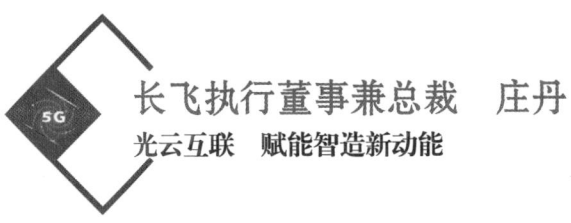

长飞执行董事兼总裁　庄丹

光云互联　赋能智造新动能

长飞公司通过搭建 5G+光云工业互联网平台，与多家运营商合作，在不同的生产园区建立 5G 企业专网，实现了产品制造全过程的数字化。这主要表现在三个方面：一是实现设备的协同作业，例如光缆无人智能包装产线的作业；二是让生产厂区实现了智能物流；三是实现柔性化生产。5G+光云工业互联网平台的落地，让长飞公司订单及时交付率提高了 20% 以上。

从 2016 年开始，长飞公司在业内已经连续 5 年保持全球市场份额领先，技术持续引领行业发展。作为工业和信息化部首批智能制造试点示范企业，长飞公司建设了中国光通信行业首家工业互联网标识解析二级节点，并发布了国内首个"5G+全光工业互联网"解决方案。2020 年，长飞公司被评为工业和信息化部智能制造标杆企业，是中国光通信行业唯一获得此项荣誉的企业。

长飞公司在"5G+工业互联网"领域的布局是为了更好地服务客户，进行服务、运维、场景的延伸，实现与客户在计划、订单、交付、物流、报账和质量协同方面的创新实践，从而全面提高供应效率，降低存货占比。长飞公司希望在"5G+工业互联网"的发展背景下，通过"1+3+N"体系（一个平台、三大优势和 N 个垂直领域），跟众多合作伙伴一起，共谋数字经济的高质量发展。

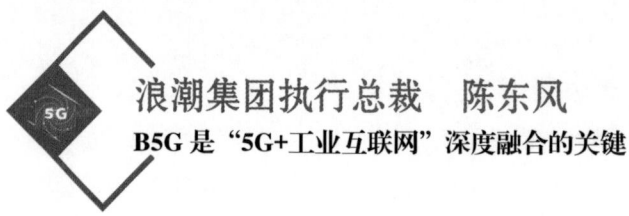

浪潮集团执行总裁　陈东风
B5G 是 "5G+工业互联网" 深度融合的关键

近几年，随着"5G+工业互联网"在行业内的快速发展，5G 与工业互联网的发展相辅相成，两者的融合不仅创造了丰富的发展需求和广阔的市场空间，还强力牵引 5G 在多行业、多领域广泛运用。

与此同时，5G 赋能工业互联网也面临着诸多挑战：首先，高质量的工业网络供给不足，主要表现为单一制式技术存在局限、特定网络能力有所欠缺、服务模式不够灵活。其次，工业智能终端、网关等产品种类少、能力弱，定制化的研发周期长、成本高。最后，当前融合应用的广度和深度仍然不够，应用场景大多聚焦一个或几个辅助环节，与业务的结合不深，还存在跨行业知识壁垒高、专业性强、融合难度大等一系列问题。

如何解决这些问题？可以依托 B5G 轻量核心网云化的架构，通过增加 AGF、T1、N3IWF 三个网源的功能，融合 5G、UWB 等四种接入技术，打造一张能力全面、架构融合、运维智能的多制式网络。

B5G 有三个方面的内涵：Business 5G 是专注服务行业客户；Broaden 5G 是多制式网络接入技术融合；Beyond 5G 是 5G 网络能力持续创新。

对于大量固定设备的接入需求，通过在网络和网关侧同时叠加 TSN 技术，实现了 5G、F5G 确定性网络能力的融合创新，能够根据场景需求提供差异化的 QoS 保障，在精密制造控制、全域全程数字孪生等敏感型应用场景中得到很好的验证。

除了技术以外，5G 赋能工业互联网还需要创新网络服务的模式。下一步，浪潮集团将探索轻量化核心网全部下沉的独立专网服务模式，满足企业极致可靠、绝对安全、可管可控的严苛需求，彻底打消行业使用 5G 网络的顾虑。

支撑 B5G 战略，是浪潮集团聚焦行业数字化转型"最后一公里"打造的云网融合全栈产品和服务体系。在网络层面，拥有大带宽、低时延、大连接的 5G 等产品，形成了云网融合全栈产品体系。同时浪潮集团还具备规、建、营、维、优五层一体化的综合服务体系，产品加上服务，才能更好地赋能工业互联网的发展。

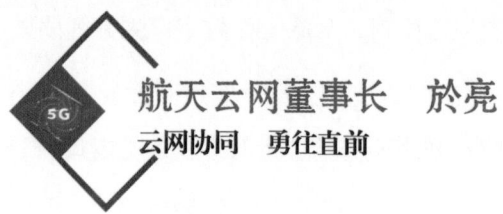

航天云网董事长　於亮
云网协同　勇往直前

数字经济的迅猛发展正深刻改变着我们的生产和生活。远程协作则是数字经济最突出的特点。这就需要云网高度协同配合，从实现人、机、物的全面连接，走向云边端高效协同，赋能"研、产、供、销、服"各个关键环节，培育形成5G与工业互联网融合叠加、互促共进、倍增发展的创新态势。

产业变革的核心是工业制造业，而工业制造业的核心则是工业互联网。如今，工业互联网作为新一轮工业变革的核心载体，正成为加速新基建的赋能器、融合发展的连接器以及创新应用的倍增器，也正成为推进产业数字化、数字产业化的新型工业底座。

工业互联网是新型网络、先进计算、大数据、人工智能等新一代信息通信技术和制造技术融合的新型工业数字化系统，工业互联网主要是把人、设备、数据相连接，网络是基础，数据是核心。

近两年，5G与工业互联网结合，已经从实现5G连接生产线的工装设备的加和效应，逐步发展到实现通过5G推动云边端及多云协同的乘数效应的质的转变。

从云网融合的角度看，5G在工业领域的三大典型场景主要有：第一，机器视觉，主要是促进设备特别是工业设备感知能力的提升；第二，远程控制，主要是提速工业生产；第三，远程现场，主要是用虚拟样机的方式，采用虚拟与现实相融合的方式体现生产。

工业互联网有五个核心价值：企业云管理；线性供应链到网络化的转变；企业、政府应急管理从点到面的转变；企业各方面的资源调度从虚到实的转变；产品追溯实现从伪到真的转变。

利用"5G+工业互联网"，可以推进制造模式的转变。围绕5G工业流程各个环节来各个击破，通过面向行业来打通条线，通过服务产业来全面覆盖，通过打造产业集群提供整体服务。

树根互联高级副总裁　陈义平
工业互联网进展与数字化发展之路

工业互联网是百亿级设备的联网，对将来的生产、运营方式是一个非常大的变革。工业互联网是非常重要的基础设施，工业互联网平台涉及互联互通、数字孪生、软件驱动以及模式创新。

产业数字化需要平台化运营，很多产业集群有一个共同的特点，就是集群非常大，但是里面的企业规模都很小。这些小企业希望运用新的数字技术提升企业的管理能力、市场竞争力和差异化能力。这就需要一个赋能的组织和平台。

树根互联在中小企业有深入的探索和应用，能够更好地实现落地，使其形成一个平台和链条，从而更好地进行产业数字化。截至2021年11月，树根互联的根云平台拥有20个产业链平台，涵盖48个细分行业，能够支撑1100种工业协议，已经连接了90万台工业设备。同时，树根互联平台是连续三年来唯一入选Gartner IIoT "魔力象限"的中国工业互联网平台，已服务全球60多个国家和地区。

根云平台有三大通用核心能力：多种类工业设备的大规模连接能力、多源工业大数据和AI分析能力、多样化工业应用的开发和协同能力。根云平台赋能企业数字化转型，可以做到：支撑大型龙头企业全价值链数字化转型；赋能中小企业解决"不敢转、不能转"的难题；赋能链主企业带动产业链数字化转型；推动产业集群数字化智能化升级。

根云平台在长城汽车、金川集团等龙头企业实现了"5G+工业互联网"应用。同时，树根互联在助力中小企业开展数字化远程管理、对链主企业带动产业链数字化转型等方面都有成功案例。针对区域集群平台、企业用户、产业链运营平台等应用场景，也有成功的经验。

此外，树根互联坚持 P2P2B 模式，依托根云平台，赋能龙头企业，再赋能产业化运营商。

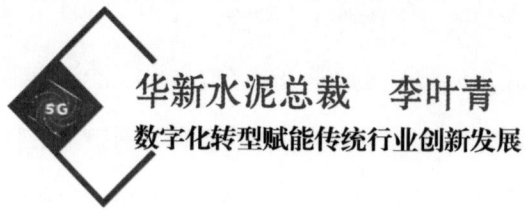

华新水泥总裁　李叶青
数字化转型赋能传统行业创新发展

华新水泥的数字化转型从20世纪90年代启动，通过20年的高速发展，已经从一家地方性水泥工厂发展成在国内外拥有百余家分子公司、多产业发展的全球化建材集团。目前，华新水泥已实现全部产业链都通过工业互联网管理运行。

华新水泥的数字化转型核心思路是：以工业互联网为基础，以工业智能、商业智能和管理智能为抓手，坚持自主研发，长期高效地推进数字化转型，提升企业竞争力，赋能企业创新发展。

华新水泥一直把数字化创新作为核心，二十年磨一剑，才能最终实现工业智能、商业智能和管理智能的闭环。

在实践中，智能行车系统、工业自动化控制系统以及智能巡检系统等推动了华新水泥全数字化智能工厂建设。

在智能行车系统方面，通过自主以及联合研发，华新水泥打通了系统，实现了公司旗下整个工厂行车系统的智能化。在工业自动化控制系统方面，华新水泥自研APC+AI技术，实现了替代燃料的燃烧环境温度的精准控制，大幅提高了燃烧和使用效率，也大幅减少了故障的发生次数。在智能巡检方面，随着检测仪器、传感器价格的大幅下降，华新水泥在系统中安装了很多智能化检测仪表，为整个系统和工厂实现无人化创造了条件。

数字化在助力华新水泥转型发展的过程中起到了重要的支撑作用。数字化不直接产生效益，但会提升企业的生产运营管理效率和竞争力，让企业在复杂多变的市场环境中实现快速响应，赢得先机。

对传统行业企业的数字化转型而言，一是管理层要高度重视并亲自推动数字化和工业智能化；二是要脚踏实地，不要想一蹴而就；三是在开发过程中要自主掌控，不能简单依靠照抄照搬。

附录
政策汇编

工业互联网创新发展行动计划

（2021—2023 年）

《国务院关于深化"互联网＋先进制造业"发展工业互联网的指导意见》印发以来，在各方共同努力下，我国工业互联网发展成效显著，2018—2020 年起步期的行动计划全部完成，部分重点任务和工程超预期，网络基础、平台中枢、数据要素、安全保障作用进一步显现。2021—2023 年是我国工业互联网的快速成长期。为深入实施工业互联网创新发展战略，推动工业化和信息化在更广范围、更深程度、更高水平上融合发展，制定本计划。

一、总体要求

（一）指导思想。

以习近平新时代中国特色社会主义思想为指导，深入贯彻党的十九大和十九届二中、三中、四中、五中全会精神，坚持新发展理念，坚持以深化供给侧结构性改革为主线，以支撑制造强国和网络强国建设为目标，顺应新一轮科技革命和产业变革大势，统筹工业互联网发展和安全，提升新型基础设施支撑服务能力，拓展融合创新应用，深化商用密码应用，增强安全保障能力，壮大技术产业创新生态，实现工业互联网整体发展阶段性跃升，推动经济社会数字化转型和高质量发展。

（二）发展目标。

到2023年，工业互联网新型基础设施建设量质并进，新模式、新业态大范围推广，产业综合实力显著提升。

——**新型基础设施进一步完善**。覆盖各地区、各行业的工业互联网网络基础设施初步建成，在10个重点行业打造30个5G全连接工厂。标识解析体系创新赋能效应凸显，二级节点达到120个以上。打造3~5个具有国际影响力的综合型工业互联网平台。基本建成国家工业互联网大数据中心体系，建设20个区域级分中心和10个行业级分中心。

——**融合应用成效进一步彰显**。智能化制造、网络化协同、个性化定制、服务化延伸、数字化管理等新模式新业态广泛普及。重点企业生产效率提高20%以上，新模式应用普及率达到30%，制造业数字化、网络化、智能化发展基础更加坚实，提质、增效、降本、绿色、安全发展成效不断提升。

——**技术创新能力进一步提升**。工业互联网基础创新能力显著提升，网络、标识、平台、安全等领域一批关键技术实现产业化突破，工业芯片、工业软件、工业控制系统等供给能力明显增强。基本建立统一、融合、开放的工业互联网标准体系，关键领域标准研制取得突破。

——**产业发展生态进一步健全**。培育发展40个以上主营业务收入超10亿元的创新型领军企业，形成1~2家具有国际影响力的龙头企业。培育5个国家级工业互联网产业示范基地，促进产业链供应链现代化水平提升。

——**安全保障能力进一步增强**。工业互联网企业网络安全分类分级管理有效实施，聚焦重点工业领域打造200家贯标示范企业和100个优秀解决方案。培育一批综合实力强的安全服务龙头企业，打造一批工业互联网安全创新示范园区。基本建成覆盖全网、多方联动、运行高效的工业互联网安全技术监测服务体系。

二、重点任务

（一）网络体系强基行动。

行动内容：

1. **加快工业设备网络化改造。** 支持工业企业对工业现场"哑设备"进行网络互联能力改造，支撑多元工业数据采集。提升异构工业网络互通能力，推动工业设备跨协议互通。研制异构网络信息互操作标准，建立多层级网络信息模型体系，实现跨系统的互操作。

2. **推进企业内网升级。** 支持工业企业运用新型网络技术和先进适用技术改造建设企业内网，探索在既有系统上叠加部署新网络、新系统，推动信息技术（IT）网络与生产控制（OT）网络融合。建设工业互联网园区网络。

3. **开展企业外网建设。** 推动基础电信企业提供高性能、高可靠、高灵活、高安全的网络服务。探索云网融合、确定性网络、IPv6分段路由（SRv6）等新技术部署。推动工业企业、工业互联网平台、标识解析节点、安全设施等接入高质量外网。探索建设工业互联网交换中心，研究互联互通新机制。

4. **深化"5G+工业互联网"**。支持工业企业建设 5G 全连接工厂，推动 5G 应用从外围辅助环节向核心生产环节渗透，加快典型场景推广。探索 5G 专网建设及运营模式，规划 5G 工业互联网专用频率，开展工业 5G 专网试点。建设公共服务平台，提供 5G 网络化改造、应用孵化、测试验证等服务。

5. **构建工业互联网网络地图**。打造覆盖全国各地市和重点工业门类的工业互联网网络公共服务能力，构建工业互联网网络建设、运行、应用的全景视图，为建网、用网、管网提供全面支撑服务。

专栏1：工业互联网网络互联互通工程

实施工业互联网企业内网标杆计划。支持工业企业综合运用 5G、时间敏感网络（TSN）、边缘计算等技术，提升生产各环节网络化水平。**实施工业互联网园区网络示范计划**。支持地方和龙头企业建设 10 个工业互联网园区网络，开展面向龙头企业和中小企业的网络互联试点示范。**探索建设工业互联网交换中心**。选择重点区域、重点行业探索建设工业互联网交换中心，支持企业利用交换中心实现网络互通、平台互联。**建设工业互联网网络信息模型实验室**。面向仪器仪表、数控机床、机器人等领域开发 100 个以上网络信息模型。**持续推进"5G+工业互联网"融合应用**。针对重点行业培育 30 个左右典型应用场景。编制发布"5G+工业互联网"发展指数。

时间节点：到 2023 年，打造 50 个企业内网改造建设标杆，高质量外网基本覆盖所有规模以上工业企业，建成 8 个"5G+工业互联网"公共

服务平台。

责任部门：工业和信息化部、发展改革委、应急部、国资委。

（二）标识解析增强行动。

行动内容：

6. 完善标识解析体系建设。 实施《工业互联网标识管理办法》，建立标识编码分配协调机制。提升国家顶级节点服务能力。引导建设运营标识解析二级节点和递归节点。建设兼容开放、服务全球的标识解析服务系统，推动标识解析与区块链、大数据等技术融合创新，提升数据综合服务能力，增强对域名等网络基础资源的支撑能力。

7. 加速标识规模应用推广。 深化标识在设计、生产、服务等环节应用，推动标识解析系统与工业互联网平台、工业 APP 等融合发展。加快解析服务在各行业规模应用，促进跨企业数据交换，提升产品全生命周期追溯和质量管理水平。加快主动标识载体规模化部署，推进工业设备和产品加标识。增强标识读写适配能力，推动标识在公共领域应用。

8. 强化标识生态支撑培育。 加快推动标识解析核心软硬件产业化。支持标识解析中间件研制及规模化应用，加强标识解析系统与工业企业信息系统适配。增强标识资源对接、测试认证等公共服务能力，建立产业链供应链标识数据资源共享机制。

专栏2：工业互联网标识解析体系增强工程

持续建设标识解析节点。 加强根节点建设和对接，提升国家顶级节点对标识、域名等网络基础资源支撑能力，打造基于标识的工业互联网运行分析平台。引导企业建设二级节点不少于120个、递归节点不少于20个。构建基于标识解析的区块链基础设施，支持各地部署不少于20个融合节点，提供基于区块链的标识资源分配、管理、互操作等基础服务。**加强标识规模化应用推广**。培育一批系统集成解决方案供应商，拓展冷链物流、应急物资、智慧城市等领域规模化应用。组织开展全国工业互联网标识创新大赛，遴选100个典型应用案例。**推动主动标识载体规模部署**。面向汽车、船舶、仪器仪表等重点领域，加快推动基于5G、窄带物联网（NB-IoT）等技术的主动标识载体规模化应用，部署不少于3000万枚，建设各类主动标识载体可信管理平台。**加强标识产业生态培育**。构建软硬件协同开发平台，研制一批高性能、高可靠专用设备。建设标识数据服务资源池，提升行业、产业数据服务效率。

时间节点：到2023年，国家顶级节点具备标识、域名、区块链等综合服务能力，标识注册总量超过150亿，日均解析量达到千万次量级。

责任部门：工业和信息化部、商务部、卫生健康委、应急部、市场监管总局。

（三）平台体系壮大行动。

行动内容：

9. 滚动遴选跨行业跨领域综合型工业互联网平台。建立动态评价机制，打造具有国际影响力的工业互联网平台，深化工业资源要素集聚，加速生产方式和产业形态创新变革。

10. 建设面向重点行业和区域的特色型工业互联网平台。聚焦数字基础好、带动效应强的重点行业，打造行业特色工业互联网平台，推动行业知识经验在平台沉淀集聚。面向制造资源集聚程度高、产业转型需求迫切的区域，打造区域特色工业互联网平台，推动平台在"块状经济"产业集聚区落地。

11. 发展面向特定技术领域的专业型工业互联网平台。围绕特定工业场景和前沿信息技术，建设技术专业型工业互联网平台，推动前沿技术与工业机理模型融合创新，支撑构建数据驱动、软件定义、平台支撑、服务增值、智能主导的新型制造体系。

12. 提升平台技术供给质量。加强平台设备接入、知识沉淀、应用开发等支持能力。突破研发、生产、管理等基础工业软件，加速已有工业软件云化迁移，形成覆盖工业全流程的微服务资源池。推动基础工艺、控制方法、运行机理等工业知识的软件化、模型化，加快工业机理模型、知识图谱建设。深化"平台＋5G""平台＋人工智能""平台＋区块链"等技术融合应用能力。

13. 加快工业设备和业务系统上云上平台。制定工业设备上云实施指南、工业设备数据字典，培育设备上云公共服务平台，推动行业龙头企业核心业务系统云化改造，带动产业链上下游中小企业业务系统云端迁移。鼓励地方政府通过创新券、服务券等方式降低上云门槛和成本，创新"挖掘机指数""空压机指数"等新型经济运行指标。

14. 提升平台应用服务水平。开发和推广平台化、组件化的工业互联网行业系统解决方案，培育解决方案服务商，建立平台解决方案资源池和分类目录,开展服务商能力评价。编制完善工业互联网平台监测评价指标体系,支持建设平台监测分析系统,提供平台产业运行数据分析服务。

专栏3:工业互联网平台体系化升级工程

加快平台推广应用。 引导跨行业跨领域平台汇聚更广范围生产要素资源,面向原材料、装备、消费品、电子信息、能源、医疗医药、建筑等重点行业及产业集聚区,支持建设50家行业和区域特色平台,支持建设云仿真、数字孪生、数据加工、故障预测与健康管理(PHM)等技术专业型平台,加快信息技术创新应用。**深化多层次平台试验验证。** 面向发展基础良好的特定区域,支持建设20家区域一体化平台,开展技术、产品、服务和解决方案的试验验证,促进区域要素资源有序流动与协同发展,加速区域产业资源共享和设备上云,促进区域产业协同和生态建设。**培育平台创新解决方案。** 强化平台工业数据集成管理及工艺、控制、运维等工业机理建模能力,研发构建数字孪生创新工具,打造一批"平台+产品""平台+模式""平台+行业/区域"创新解决方案。**建设平台数据监测与运行分析系统。** 完善平台数据字典,开展平台基础能力、运营服务、产业支撑等运行数据自动化采集,研发平台运行监测及行业运行分析模型,编制发布工业互联网平台发展指数。

时间节点: 到2023年,工业企业及设备上云数量比2020年翻一番,打造3~5家有国际影响力的综合型工业互联网平台、70个行业区域特

色平台、一批特定技术领域专业型平台。

责任单位：工业和信息化部、教育部、国资委。

（四）数据汇聚赋能行动。

15. 推动工业互联网大数据中心建设。持续提升国家中心的数据汇聚、分析、应用能力，推进区域分中心与行业分中心建设。研究工业互联网数据权属确定、价值评估、资源交换、效益共享等机制，制定数据交换接口标准规范，推动国家中心、各区域和行业分中心之间数据资源的高效流通。

16. 打造工业互联网大数据中心综合服务能力。面向政府提供工业经济和产业运行监测指挥、应急事件预警协调等服务，面向行业提供数据管理能力提升、工业资源共享、解决方案推广等服务，为企业提供设备与业务系统上云、产融合作、供需对接等服务。

17. 培育高质量工业APP。推动共性经验知识沉淀提炼，发展普适性强、复用率高的基础共性工业APP，以及基于知识图谱和智能算法的可适性工业APP。打造一批经济价值高、推广作用强的行业通用工业APP。面向特定领域、特定场景个性化需求，培育一批企业专用工业APP。发展基于数字孪生技术的工业智能解决方案，支持开源社区、开发者社区建设，发展工业APP商店，促进工业APP交易流转。

18. 推动平台间数据互联互通。构建平台数据字典互认机制，统一工业数据、算法模型、微服务等调用接口。鼓励开展联合攻关、互补合作，制定平台间接口规范，推动机理模型和工业APP的跨平台调用与订阅，打造协同发展、多层次系统化平台体系。

19. 持续深化"工业互联网＋安全生产"。聚焦本质安全水平提升，针对原材料、危险化学品、矿山、民爆、烟花爆竹等重点行业领域，构建基于工业互联网的安全生产感知、监测、预警、处置及评估体系，建立风险特征库、失效数据库、安全生产评估模型和工具集，提升工业企业安全生产水平。

专栏 4：国家工业互联网大数据中心建设工程

建设工业互联网大数据中心体系。面向能源、钢铁、石化、化工、建材、有色、医药等流程行业及电子、汽车、装备、建筑等离散行业，建设行业大数据分中心，加强行业数据资源管理。加强工业互联网推广应用与银行保险机构数字化转型的联动衔接，搭建基于工业互联网的中小微企业数据集成和共享平台，探索工业互联网大数据在金融服务中的应用。在工业互联网融合发展基础较好领域，建设一批统一规范的区域级工业互联网大数据分中心，汇聚数据资源达到PB级。建设场景驱动的高质量数据集，鼓励开展工业算法创新。开展数据创新应用，增强产业链供应链韧性。建设工业互联网大数据中心灾备中心，开展数据灾备服务，提升应急保障服务能力。

时间节点：到2023年，基本建成国家工业互联网大数据中心体系，建设20个区域级分中心和10个行业级分中心。建设高质量的工业微服务和工业APP资源池，工业APP数量达到50万个。

责任单位：工业和信息化部、教育部、应急部、国资委、市场监管总局、银保监会、能源局。

（五）新型模式培育行动。

行动内容：

20. 发展智能化制造。 鼓励大型企业加大 5G、大数据、人工智能等数字化技术应用力度，全面提升研发设计、工艺仿真、生产制造、设备管理、产品检测等智能化水平，实现全流程动态优化和精准决策。

21. 加强网络化协同。 支持龙头企业基于平台广泛连接、汇聚设备、技术、数据、模型、知识等资源，打造贯通供应链、覆盖多领域的网络化配置体系，发展协同设计、众包众创、共享制造、分布式制造等新模式。

22. 推广个性化定制。 鼓励消费品、汽车、钢铁等行业企业基于用户数据分析挖掘个性需求，打造模块化组合、大规模混线生产等柔性生产体系，促进消费互联网与工业互联网打通，推广需求驱动、柔性制造、供应链协同的新模式。

23. 拓展服务化延伸。 支持装备制造企业搭建产品互联网络与服务平台，开展基于数字孪生、人工智能、区块链等技术的产品模型构建与数据分析，打造设备预测性维护、装备能效优化、产品衍生服务等模式。

24. 实施数字化管理。 推动重点行业企业打通内部各管理环节，打造数据驱动、敏捷高效的经营管理体系，推进可视化管理模式普及，开展动态市场响应、资源配置优化、智能战略决策等新模式应用探索。

专栏5：工业互联网新模式推广工程

面向领先制造企业与特色中小企业组织新模式应用标杆遴选，依托龙头企业、研究机构等制定发布新模式应用实施指南，加强智能化制造、网络化协同、个性化定制、服务化延伸、数字化管理等新模式新业态探索与推广。鼓励地方开展工业互联网新模式应用宣贯与培训，支持建立一批线上线下结合的新模式应用体验中心，鼓励创新应用探索实践。

时间节点：到 2023 年，面向垂直细分行业，形成 100 个左右新模式应用试点示范，形成一批可复制可推广的典型模式和应用场景，实现在 200 家以上工业企业复制推广。

责任部门：工业和信息化部、商务部、国资委。

（六）融通应用深化行动。

行动内容：

25. **加强大中小企业融通发展。** 支持大型企业引领推广、中小企业广泛应用的融通发展模式，鼓励领先企业推广供应链体系和网络化组织平台，打造符合中小企业需求的数字化平台、系统解决方案、产品和服务，带动中小企业的数字化能力提升和订单、产能、资源等共享。

26. **加快一二三产业融通发展。** 支持第一产业、第三产业推广基于工业互联网的先进生产模式、资源组织方式、创新管理和服务能力，打造跨产业数据枢纽与服务平台，形成产融合作、智慧城市等融通生态。

专栏 6：工业互联网融通应用工程

推进中小企业数字化改造。 以新一代信息技术应用为支撑，推动集聚一批面向中小企业的数字化服务商，培育推广一批符合中小企业需求的数字化平台、系统解决方案、产品和服务,以数字化网络化智能化赋能中小企业。**实施一二三产业融通发展计划**。鼓励开展融通应用示范培训宣贯,支持建立一批面向医疗、教育、金融等领域的融通应用展示中心。鼓励开展工业互联网融通应用大赛,探索基于工业互联网的一二三产业融通集成应用场景,打造产融合作、工业旅游等典型模式。**持续开展行业融合应用试点示范**。在流程制造行业普及高价值设备资产管理、安全环保管理优化、全流程一体化优化等模式,提升装备装置、控制系统的数字改造与连接水平。在离散制造行业推广在制品质量检测、设备健康管理、规模化定制、供应链追溯、跨领域融通服务等模式,推动企业加快生产全过程数字化改造与精准管控。支持行业协会、研究机构、龙头企业等制定发布行业应用推广指南。

时间节点:到2023年,面向重点行业形成150个左右行业特色明显、带动效应强的融合应用试点示范。打造一批支撑融通应用的模型资源库与服务平台,形成40个左右融通应用典型场景。

责任部门:工业和信息化部、发展改革委、科技部、商务部、应急部、国资委。

(七)关键标准建设行动。

行动内容:

27.**强化工作机制**。充分发挥国家工业互联网标准协调推进组、总体组、专家咨询组作用,系统推进工业互联网标准规划体系研究及相关政策措施落实,加强跨部门、跨行业、跨领域标准化重要事项的统筹协同。

28. 完善标准体系。 结合 5G、边缘计算、人工智能等新技术应用和产业发展趋势，完善工业互联网标准体系，明确标准化重点领域和方向，指导标准化工作分领域推进实施。

29. 研制关键标准。 加快基础共性、关键技术、典型应用等产业亟需标准研制。强化工业互联网知识产权保护和运用，推广实施《专利导航指南》系列国家标准（GB/T 39551—2020），提升行业知识产权服务能力，推动工业互联网知识产权数量、质量同步提升。

30. 加强国际合作。 积极参与国际电信联盟（ITU）、国际标准化组织（ISO）、国际电工技术委员会（IEC）等国际组织活动及国际标准研制，加强与国际产业推进组织的技术交流与标准化合作，促进标准应用共享。

专栏 7：工业互联网标准化工程

实施工业互联网标准引领计划。 加快制定网络、平台、安全体系架构、通用需求、术语定义等基础共性标准。加快制定"5G+工业互联网"、网络信息模型、工业大数据、安全防护等关键技术标准。加快制定面向原材料、装备、电子信息等重点行业领域的应用标准。**实施工业互联网标准推广计划。** 推进标准在重点行业和企业中应用，开展企业工业互联网标准符合度评测，以及行业标准应用水平评估评价工作。提升工业互联网网络、平台、安全标准公共服务能力，推进创新技术成果向标准转化。

时间节点： 到 2023 年，建立较为完善的工业互联网标准化工作机制，基本形成统一、融合、开放的工业互联网标准体系，完成 60 项以上关键

标准研制。

责任部门：工业和信息化部、科技部、商务部、卫生健康委、国资委、市场监管总局、知识产权局。

（八）技术能力提升行动。

行动内容：

31. 强化基础技术支撑。 鼓励高校科研机构加强工业互联网基础理论研究，提升原始创新水平。鼓励信息技术与工业技术企业联合推进工业5G芯片/模组/网关、智能传感器、边缘操作系统等基础软硬件研发。加强工业机理模型、先进算法、数据资源的积累、突破与融合。

32. 突破新型关键技术与产品。 支持领先企业加快网络、标识、平台与安全的关键技术与产品研发。推动边缘计算、数字孪生、区块链等与工业互联网的融合技术研究，加强融合产品及其解决方案的测试验证和商业化推广。

33. 以新技术带动工业短板提升突破。 加强5G、智能传感、边缘计算等新技术对工业装备、工业控制系统、工业软件的带动提升，打造智能网联装备，提升工业控制系统实时优化能力，加强工业软件模拟仿真与数据分析能力。

专栏8：工业互联网技术产品创新工程

加强工业互联网基础支撑技术攻关。 支持工业5G芯片模组、边缘计算专用芯片与操作系统、工业人工智能芯片、工业视觉传感器及行业机理模型等基础软硬件的研发突破。**实施技术产品创新突破计划。**

> 攻克5G与TSN等新型网络、新型标识与可信解析、平台数据模型管理与应用开发、基于人工智能的安全防护等工业互联网关键共性技术，加快研发新产品。**加强对工业互联网与传统技术的融合与带动提升。**鼓励装备企业综合运用5G、人工智能等新技术，打造自主作业、云端协同作业等智能化装备。鼓励工业软件企业基于平台打造功能组件和数据模型灵活组织复用的软件产品，带动设计仿真、工艺优化等功能强化。支持信息技术与自动化企业打造边缘控制器、边缘云与智能网关，推动边缘计算与可编程逻辑控制器（PLC）、过程控制系统的融合，构建具备智能计算与实时优化能力的边缘工业控制系统。**加强知识产权信息服务支撑。**加快建设国家知识产权大数据中心和公共服务平台，为技术创新提供知识产权信息支撑。

时间节点：到2023年，工业互联网关键核心技术竞争力进一步提升。工业5G芯片/模组/网关、边缘计算芯片等基础软硬件产品基本成熟。

责任部门：工业和信息化部、科技部、知识产权局。

（九）产业协同发展行动。

行动内容：

34. 培育领先企业。大力培育工业互联网技术创新企业，带动工业互联网关键技术和前沿创新能力整体提升。培育一批工业互联网系统解决方案供应商，面向重点行业与典型场景打造整体解决方案和集成技术产品。培育工业互联网运营服务商，提升网络运维、行业应用推广等运营服务能力。

35. 强化主体协作。 支持建设面向工业互联网供应商分类分级、产业运行监测、发展成效评估的公共服务平台。加快建设工业互联网创新中心、安全实验室等创新载体，开展新技术联合攻关和成果转化。做大做实工业互联网产业联盟，广泛汇聚市场主体，开展产业务实合作。

36. 开展产业示范基地建设。 充分考虑工业互联网的融合性，持续开展工业互联网产业示范基地遴选，鼓励东部地区率先发展，促进东北、中西部地区加快发展。引导工业互联网产业示范基地聚焦主业，强化基础设施支撑和融合创新引领能力。鼓励各地建设"5G+工业互联网"融合应用先导区，探索具有地区及产业特色的发展模式。

37. 建设平台应用创新推广中心。 面向区域产业特色，建设一批工业互联网平台应用创新推广中心，搭建线上线下结合的创新体验环境，促进平台供需精准对接和协同创新。

38. 建设工业互联网示范区。 加快长三角工业互联网国家示范区建设，鼓励各地结合区域特色和产业优势，打造一批协同效应显著、辐射带动能力强的示范区。

专栏9：工业互联网产业生态培育工程

培育系统解决方案供应商。 培育一批围绕工业互联网重点领域的通用供应商、具备细分场景技术优势的专业供应商、与行业知识经验及需求深度结合的行业供应商。定期发布供应商名录，打造多类型的供应商资源池。加快解决方案应用推广，促进方案的不断丰富完善。
打造工业互联网创新中心。 支持科研院所、高校、企业联合共建工业互联网创新中心，开展产学研用协同技术创新、标准研制、试验验证与产业化推广，壮大跨界协同创新生态。建设 10 家左右各具特色的省级工业互联网创新中心，形成覆盖全国的创新中心网络。**建设工业互联网公共服务平台。**提供工业互联网产业发展、供应商能力分级、企业评估等综合服务。汇集供应商资源与企业需求，促进精准对接。打造数据资源池，提供工业数据资源分类分级、数据资产与算法库管理等服务。

时间节点：到 2023 年，培育一批核心技术创新引领企业，在重点行业和领域打造 100 个工业互联网系统解决方案。遴选 5 个国家级工业互联网产业示范基地，建设 10 个"5G+工业互联网"融合应用先导区，建设一批平台应用创新推广中心，布局一批工业互联网示范区。

责任部门：工业和信息化部、科技部。

（十）安全保障强化行动。

行动内容：

39. 依法落实企业网络安全主体责任。实施工业互联网企业网络安全分类分级管理制度，明确企业安全责任要求和标准规范，强化指导监督，深入开展宣标贯标、达标示范，遴选安全优秀示范企业。强化逐级负责的监督管理制度，指导省级主管部门加快建立属地重点联网工业企业清单和重要数据保护目录，督促企业完善网络安全管理体系，加强供应链安全管理，落实企业主体责任。指导地方工业和信息化、通信主管部门建设属地工业互联网安全保障体系，健全闭环管理机制，强化监督检查，完善态势感知、事件通报、整改落实的闭环管理。加强对重点工业互联网平台、APP 的安全检测评估。

40. 加强网络安全供给创新突破。 强化协同创新，针对 PLC、数据采集与监视控制系统（SCADA）、远程信息处理器（T-BOX）等关键核心领域，鼓励重点网络安全企业和工业企业联合攻关，打造具备内嵌安全功能的设备产品。加快密码应用核心技术突破和标准研制，推动需求侧、供给侧有效对接和协同创新，推动密码技术深入应用。优化服务供给，支持云服务企业、网络安全企业在重点城市联合建设安全运营服务中心，实施中小企业"安全上云"工程。面向装备、电子信息等重点行业，支持工业龙头企业建设一批具有广泛影响力的安全公共服务平台。针对流程工业、离散工业差异化特点，加快形成优秀安全解决方案和供应商目录，实现供需快速精准对接。

41. 促进网络安全产业发展壮大。 推动产业集聚发展，优化产业园区布局，打造资源汇聚、要素共享的网络安全"双创"环境和孵化基地。推进强链优链，培育一批网络安全龙头企业，在智能制造、车联网等细分赛道孵化一批"高精尖"特色安全企业，带动安全产业链供应链提升。强化先进引领，开展试点示范，遴选安全智能工厂、网络安全创新应用先进示范区，提炼推广最佳实践。

42. 强化网络安全技术保障能力。 强化企业自身防护，鼓励支持重点企业建设集中化安全态势感知和综合防护系统，提升网络和数据安全技术能力。强化区域监测保障，指导省级行业主管部门加快属地工业互联网安全态势感知、在线监测等技术手段建设，扩大监测范围，丰富平台功能。支持重点城市加快"5G+工业互联网"安全大脑建设。增强京津冀、长三角、成渝地区等重点区域的安全联动保障能力。提升国家平台协调服务水平,利用人工智能、大数据技术强化态势分析,打造多方联动、运行高效的技术服务保障体系。加强工业互联网密码应用安全性评估能力建设。

专栏10：工业互联网安全综合保障能力提升工程

实施企业网络安全能力贯标计划。 行业主管部门制定分类分级系列安全标准规范，明确企业设备、控制、网络、平台、应用、数据等的安全防护基本要求，开展PLC等重点设备、SCADA等重要系统、工业互联网平台、工业APP动态安全检测评估。各省级（重点城市）主管部门组织开展企业调研，开展企业分类分级，制定重点企业清单和重要数据保护目录。针对重点行业、企业开展宣标贯标，企业实施达标自评估和安全改造，遴选一批贯标示范企业。**实施技术保障能力提升计划。** 打造"两库一机制"，围绕原材料、装备、电子信息等重点行业，建设汇聚安全漏洞、恶意代码、勒索病毒等信息的国家工业互联网安全漏洞库，完善涵盖工业协议、设备指纹、IP/域名、重要系统等的基础资源库，搭建一批网络安全测试环境和攻防演练靶场。健全完善监测预警、信息共享、协同处置等闭环工作机制。

时间节点： 到2023年，分类分级管理模式在全国范围深入推广。面向原材料、装备、电子信息等重点行业遴选百家贯标示范企业。建设20个集约化安全运营服务中心、具有较大影响力的重点行业安全公共服务

平台，面向工业互联网重点应用领域打造 10 个网络安全创新应用先进示范区。

责任部门：工业和信息化部、科技部、生态环境部、国资委、能源局、国防科工局。

（十一）开放合作深化行动。

行动内容：

43. 营造开放多元包容的发展环境。 加强与主要国家、地区及"一带一路"沿线国家的对接合作，建立和培育政府间、国际组织、产业组织及企业间的多样化伙伴关系，推动多边、区域等层面政策和规则协调，共同探索数据流通、知识产权等领域的全球治理体系建设。

44. 全面推动多领域、深层次国际合作。 指导国内企事业单位、产业组织等与国外企业、机构在技术标准、资源分配、业务发展等领域开展务实合作。支持国内外企业在自由贸易试验区、服务业扩大开放综合试点等区域开展新模式新业态先行先试。鼓励有能力的单位通过设立海外分支机构等形式，为国内工业互联网企业拓展国际市场提供专业服务。支持外资企业平等参与工业互联网创新发展。

时间节点：到 2023 年，与欧盟、"一带一路"沿线重点国家建立工业互联网交流合作机制。

责任部门：工业和信息化部、科技部、商务部、市场监管总局、知识产权局。

三、保障措施

（一）加强组织实施。

1. 加大统筹协调力度。进一步发挥工业互联网专项工作组的统筹作用，确保各项工作落实到位。依托工业互联网战略咨询专家委员会开展前瞻性、战略性问题研究咨询。

2. 加强政策成效评估。健全任务督促检查和第三方评估机制，加强工业互联网创新发展工程等重点工作的过程管理、绩效评估和监督考核。定期考核试点示范项目、产业示范基地等，做到能上能下，动态调整。

3. 开展产业监测评估。逐步建立全国统一的工业互联网产业统计监测体系，指导各地建立完善本地区统计监测工作及上报机制。健全工业互联网发展成效评估机制，推动国家、区域、产业等评估工作常态化、制度化，定期发布工业互联网发展指数。

时间节点：按年度发布专项工作组工作计划。滚动开展工业互联网发展成效评估和产业监测评估。

责任部门：工业互联网专项工作组成员单位。

（二）健全数据管理。

4. 建立健全规则。探索建立工业数据确权、数据流通、数据安全等规则规范，落实《工业数据分类分级指南（试行）》，引导数据共享与流转，充分挖掘数据价值。

5. 推动开放共享。推进工业数据全生命周期处理、分类分级、评估交易等标准制定。支持企事业单位、产业组织等在重点行业建立工业数据空间。发布工业互联网数据共享行动计划，引导数据有序开放共享。

6. 促进交易流通。 有序开展《数据管理能力成熟度评估模型》国家标准贯标，增加有效数据供给。研究制定工业数据交易合同指引，规范数据交易行为，促进数据交易市场健康发展。

时间节点： 到2023年，推进工业互联网数据共享行动，推动工业知识数据化沉淀，在不少于3个重点行业探索建立工业数据空间。

责任部门： 工业和信息化部、商务部、市场监管总局按职责分工负责。

（三）拓宽资金来源。

7. 加大财税政策支持。 持续利用财政专项资金、产业投资基金等支持工业互联网发展，深入实施工业互联网创新发展工程。鼓励地方通过设立工业互联网专项资金、风险补偿基金等手段支持产业发展。落实研发费用加计扣除等税收优惠政策。

8. 提升金融服务水平。 支持符合条件的工业互联网企业上市融资。支持符合条件的企业发行公司信用类债券和资产支持证券融资。鼓励工业互联网企业通过知识产权、票据、订单等动产质押融资方式融资。引导创业投资企业/基金等加大对工业互联网初创企业投入力度。支持保险资金、符合条件的资产管理产品在依法合规的前提下，按照风险可控、商业自愿的原则，投资工业互联网相关产业基金。

9. 创新产融合作模式。 鼓励有条件的金融机构在业务范围内与工业互联网企业按照依法合规、风险可控的原则开展合作。探索建立基于生产数据的增信系统，提供个性化、精准化的金融产品和服务。

时间节点： 按年度实施工业互联网创新发展工程。持续开展基于数据的金融产品和服务创新。

责任部门： 财政部、发展改革委、工业和信息化部、人民银行、税务总局、银保监会、证监会、知识产权局按职责分工负责。

（四）加大人才保障。

10. **开展人才需求预测。** 建设运营"产业人才大数据平台"，定期发布工业互联网领域人才需求预测报告，编制工业互联网紧缺人才需求目录，为院校加强专业建设、技术技能人才提升业务素质和实现良好就业提供参考。

11. **推动人才选拔评价。** 鼓励企业制定人才评价规范，开展技术技能人才自主评价工作，畅通技术技能人才职业发展通道。

12. **强化专业人才培养。** 支持和指导高等院校、职业院校加强工业互联网相关学科专业建设。支持高校建设一批未来技术学院，培养工业互联网领域未来科技创新领军人才。鼓励企业与高校、科研院所共建实验室、专业研究院或交叉研究中心，加强共享型工程实习基地建设，支持高校建设若干现代产业学院，培养高素质应用型、复合型、创新型工业互联网技术技能人才。

时间节点： 2021年完成工业互联网紧缺人才需求目录编制。按年度发布工业互联网领域人才需求预测报告。按年度开展"卓越工程师教育培养计划2.0""产学合作协同育人项目"，继续举办全国工业互联网安全技术技能大赛。到2023年，在全国范围内建设一批共享型工程实习基地。

责任部门： 教育部、工业和信息化部、人力资源社会保障部按职责分工负责。

重塑百业万企
中国5G+工业互联网典型应用（2021）

5G应用"扬帆"行动计划

（2021—2023年）

5G融合应用是促进经济社会数字化、网络化、智能化转型的重要引擎。为贯彻落实习近平总书记关于加快5G发展的重要指示精神和党中央、国务院决策部署，大力推动5G全面协同发展，深入推进5G赋能千行百业，促进形成"需求牵引供给，供给创造需求"的高水平发展模式，驱动生产方式、生活方式和治理方式升级，培育壮大经济社会发展新动能，特制订本计划。

一、总体要求

（一）指导思想

以习近平新时代中国特色社会主义思想为指导，全面贯彻党的十九大和十九届二中、三中、四中、五中全会精神，立足新发展阶段，贯彻新发展理念，构建新发展格局，面向实体经济主战场，面向经济社会数字化转型需求，统筹发展和安全，遵循5G应用发展规律，着力打通5G应用创新链、产业链、供应链，协同推动技术融合、产业融合、数据融合、标准融合，打造5G融合应用新产品、新业态、新模式，为经济社会各领域的数字转型、智能升级、融合创新提供坚实支撑。

（二）基本原则

坚持需求牵引。充分发挥市场在资源配置中的决定性作用，强化企业在 5G 应用发展中的主体地位，进一步释放消费市场、垂直行业、社会民生等方面对 5G 应用的需求潜力，激发 5G 应用创新活力。

坚持创新驱动。围绕 5G 行业应用个性化需求，加大技术创新力度，加强关键技术和产品研发，奠定 5G 应用发展的技术和产业基础。遵循 5G 技术、标准、产业、网络和应用渐次导入的客观规律，紧扣国际标准节奏，有重点地推动 5G 应用发展。

坚持重点突破。聚焦 5G 发展关键环节，着力解决协议标准互通、应用生态构建、产业基础强化等关键共性问题。支持基础扎实、模式清晰、前景广阔的重点领域率先突破，示范引领 5G 应用规模化落地。

坚持协同联动。加强各方沟通衔接，畅通跨部门、跨行业、跨领域协作。发挥行业、地方等积极性，出台并落实支持 5G 应用发展的政策举措。发挥龙头企业牵引作用，推动上下游企业深度互联和协同合作，形成"团体赛"模式。

（三）总体目标

到 2023 年，我国 5G 应用发展水平显著提升，综合实力持续增强。打造 IT（信息技术）、CT（通信技术）、OT（运营技术）深度融合新生态，实现重点领域 5G 应用深度和广度双突破，构建技术产业和标准体系双支柱，网络、平台、安全等基础能力进一步提升，5G 应用"扬帆远航"的局面逐步形成。

——**5G 应用关键指标大幅提升**。5G 个人用户普及率超过 40%，用户数超过 5.6 亿。5G 网络接入流量占比超 50%，5G 网络使用效率明显提高。5G 物联网终端用户数年均增长率超 200%。

——**重点领域 5G 应用成效凸显**。个人消费领域，打造一批"5G+"新型消费的新业务、新模式、新业态，用户获得感显著提升。垂直行业领域，大型工业企业的 5G 应用渗透率超过 35%，电力、采矿等领域 5G 应用实现规模化复制推广，5G+车联网试点范围进一步扩大，促进农业水利等传统行业数字化转型升级。社会民生领域，打造一批 5G+智慧教育、5G+智慧医疗、5G+文化旅游样板项目，5G+智慧城市建设水平进一步提升。每个重点行业打造 100 个以上 5G 应用标杆。

——**5G 应用生态环境持续改善**。跨部门、跨行业、跨领域协同联动的机制初步构建，形成政府部门引导、龙头企业带动、中小企业协同的 5G 应用融通创新模式。培育一批具有广泛影响力的 5G 应用解决方案供应商，形成 100 种以上的 5G 应用解决方案。完成基础共性和重点行业 5G 应用标准体系框架，研制 30 项以上重点行业标准。

——**关键基础支撑能力显著增强**。5G 网络覆盖水平不断提升，每万人拥有 5G 基站数超过 18 个，建成超过 3000 个 5G 行业虚拟专网。建设一批 5G 融合应用创新中心，面向应用创新的公共服务平台能力进一步增强。5G 应用安全保障能力进一步提升，打造 10-20 个 5G 应用安全创新示范中心，树立 3-5 个区域示范标杆，与 5G 应用发展相适应的安全保障体系基本形成。

二、突破 5G 应用关键环节

（一）5G 应用标准体系构建行动

1. **加快打通跨行业协议标准**。加强跨部门、跨行业、跨领域标准化重要事项的统筹协调，建立健全相关标准化组织合作机制，尽快实现协议互通、标准互认，系统推进 5G 行业应用标准体系建设及相关政策措施落实，加速推动融合应用标准的制定。充分发挥 5G 应用产业方阵行业组织优势，促进融合应用标准的实施落地。

2. **研制重点行业融合应用标准**。系统推进重点行业 5G 融合应用标准研究，明确标准化重点方向，加强基础共性标准、融合设备标准、重点行业解决方案标准的研制，加快标准化通用化进程，突破重点领域融合标准研究和制定。

3. **落地一批重点行业关键标准**。发挥各重点行业龙头企业带头作用，带动各方进一步强化协作，合力推动 5G 行业应用标准的迭代、评估和优化，促进相关标准在重点行业的应用落地。

专栏 1: 5G 应用标准体系构建及推广工程

构建 5G 应用标准体系。加快研制芯片/模组、网络、平台、安全体系架构、应用需求、术语定义等基础共性标准。开展 5G 确定性网络、增强上行速率、高精度定位、抗电磁干扰等面向行业需求的增强技术标准研究，加快创新技术和应用向标准转化。加快重点行业融合应用标准制定，推进行业融合终端、网络建设标准研制。推广重点行业 5G

> 应用标准，选择医疗、工业、媒体等重点领域，率先推动5G应用标准落地。提升5G应用标准公共服务能力。开展行业5G应用标准测试评估认证，推进创新技术成果向标准转化。
>
> 到2023年底，形成基础共性和重点行业5G应用标准体系，完成30项以上重点行业关键标准研制。

（二）5G产业基础强化行动

4. 加强关键系统设备攻关。持续推进5G增强技术基站研发，巩固中频段5G产业能力。组织开展5G毫米波基站研发和端到端测试，加快技术和产品成熟，奠定5G毫米波商用的产业基础。按照5G国际标准不同版本阶段性特征，R15版本聚焦高速率大带宽应用，R16版本聚焦高可靠低时延应用，R17版本聚焦中高速大连接应用，分阶段开展技术、产业化和应用导入。

5. 加快弥补产业短板弱项。加大基带芯片、射频芯片、关键射频前端器件等投入力度，加速突破技术和产业化瓶颈，带动设计工具、制造工艺、关键材料、核心IP等产业整体水平提升。加快轻量化5G芯片模组和毫米波器件的研发及产业化，进一步提升终端模组性价比，满足行业应用个性化需求，提升产业基础支撑能力。支持高精度、高灵敏度、大动态范围的5G射频、协议、性能等仪器仪表研发，带动仪表用高端芯片、核心器件等尽快突破。

6. 加快新型消费终端成熟。推进基于5G的可穿戴设备、智能家居产品、超高清视频终端等大众消费产品普及。推动嵌入式SIM（eSIM）可穿戴设备服务纵深发展，研究进一步拓展应用场景。推动虚拟现实/增强现实等沉浸式设备工程化攻关，重点突破近眼显示、渲染处理、感知交互、内容制作等关键核心技术，着力降低产品功耗，提升产品供给水平。

专栏 2: 面向行业需求的 5G 产品攻坚工程

增强 5G 基站行业适配能力。针对高温、高湿、防爆等特殊场景，研制适配各行业需求的专用 5G 基站。加大适配大上行、低时延、大连接、高精度定位等需求的新型基站研发，满足 5G 行业应用需求。推动 5G 模组规模化商用。构建模组分级分类产业化体系，指导行业面向差异化场景需求开展精准化产品研发，持续提升模组的环境适应性，不断降低规模化应用门槛。建设行业终端产品体系。丰富面向行业的终端产品形态，真正实现 5G 行业终端到现场、到产线、到园区。加快推动基于 5G 模组的高清摄像头、工业级路由器/网关、车载联网设备、自动导引车（AGV）等各类行业终端的研发和迭代演进。推进行业高端装备加快在研发和生产中预置 5G 能力并开放接口。到 2023 年底，满足行业需求的 5G 基站、模组供给能力显著增强，5G 行业终端产品、高端装备逐步成熟。

三、赋能 5G 应用重点领域

（一）新型信息消费升级行动

7. **5G+信息消费**。推进 5G 与智慧家居融合，深化应用感应控制、语音控制、远程控制等技术手段，发展基于 5G 技术的智能家电、智能照明、智能安防监控、智能音箱、新型穿戴设备、服务机器人等，不断丰富 5G 应用载体。加快云 AR/VR 头显、5G+4K 摄像机、5G 全景 VR 相机等智能产品推广，拉动新型产品和新型内容消费，促进新型体验类消费发展。

8. 5G+融合媒体。 开展 5G 背包、超高清摄像机、5G 转播车等设备的使用推广，利用 5G 技术加快传统媒体制作、采访、编辑、播报等各环节智能化升级。推广高新视频服务、推动 5G 新空口（NR）广播电视落地应用，提供广播电视和应急广播等业务。开展 5G+8K 直播、5G+全景式交互化视音频业务，培育 360 度观赛体验，结合 2022 年北京冬奥会和冬残奥会等重大活动，推动 5G 在大型赛事活动中的普及。

（二）行业融合应用深化行动

9. 5G+工业互联网。 推进 5G 模组与 AR/VR、远程操控设备、机器视觉、AGV 等工业终端的深度融合，加快利用 5G 改造工业内网，打造 5G 全连接工厂标杆，形成信息技术网络与生产控制网络融合的网络部署模式，推动"5G+工业互联网"服务于生产核心环节。围绕研发设计、生产制造、运营管理、产品服务等环节，聚焦"5G+工业互联网"发展重点行业，打造典型应用场景，持续开展"5G+工业互联网"试点示范，支持 5G 在质量检测、远程运维、多机协同作业、人机交互等智能制造领域的深化应用，不断强化示范引领，推动成熟模式在更多行业和领域复制推广。打造产业生态，推广区域应用，鼓励各地建设"5G+工业互联网"融合应用先导区，不断拓展 5G 在原材料、装备、消费品、电子等领域的应用。

10. 5G+车联网。 强化汽车、通信、交通等行业的协同，加强政府、行业组织和企业间联系，共同建立完备的 5G 与车联网测试评估体系，保障应用的端到端互联互通。提炼可规模化推广、具备商业化闭环的典型应用场景，提升用户接受程度。加快提升 C-V2X 通信模块的车载渗透率和路侧部署。加快探索商业模式和应用场景，支持创建国家级车联网先导区，推动车联网基础设施与 5G 网络协同规划建设，选择重点城市典型区域、合适路段以及高速公路重点路段等，加快 5G+车联网部署，推广 C-V2X 技术在园区、机场、港区、矿山等区域的创新应用。建立跨行业、跨区域互信互认的车联网安全通信体系。

11. 5G+智慧物流。加强 5G 在园区、仓库、社区等场所的物流应用创新，推动 5G 在无人车快递运输、智能分拣、无人仓储、智能佩戴、智能识别等场景应用落地。加速基于 5G 的物流物联网数据接入、计算和应用平台建设，推进端边云协同的物流自动化智能装备和基础设施建设，助力实现物流行业自动化运输、智能仓储和全流程监控。

12. 5G+智慧港口。研制适用于港口集装箱环境的 5G 辅助定位产品，加快自动化码头、堆场库场数字化改造和建设。推动港口建设和养护运行全过程、全周期数字化，加快智慧港口基础设施建设，推广 5G 在无人巡检、远程塔吊、自动导引运输、集卡自动驾驶、智能理货等场景的应用，助力港口智能化。

13. 5G+智能采矿。加快可适应采矿环境具有防爆等要求的 5G 通信设备研制和认证，推进露天矿山和地下矿区 5G 网络系统、智能化矿区管控平台、企业云平台等融合基础设施建设。推广 5G 在能源矿产、金属矿产、非金属矿产等各类矿区的应用，拓展采矿业远程控制、无人驾驶等

5G应用场景，推进井下核心采矿装备远程操控和集群化作业、深部高危区域采矿装备无人化作业、露天矿区实现智能连续作业和无人化运输。

14. 5G+智慧电力。 突破电力行业重点场景5G确定性时延、授时精度、安全保障等关键技术，搭建融合5G的电力通信管理支撑系统和边缘计算平台。开展基于5G的工业控制与监测网络升级改造，推广发电设备运维、配电自动化、输电线/变电站巡检、用电信息采集等场景应用，实现发电环节生产的可视化、配电环节控制的智能化、输变电环节监控的无人化、用电环节采集的实时化。

15. 5G+智能油气。 开展适应油田油井复杂环境的5G特种终端设备的研发，推进多协议智能数据采集5G网关、监控产品的研制，实现与油气领域通信接口的有效衔接。实施5G在油田油井、管线、加油站等环节高清视频监控、管道泄露监测、机器人智能巡检、危化品运输监控等业务场景的深度应用，为油气采集、管道传输、油气冶炼等环节提供安全高效的智能化支撑。

16. 5G+智慧农业。 根据农业农村数字化需求，重点推进面向广覆盖低成本场景的5G技术和应用。丰富5G在智能农业的应用场景，加快智能农机、农业机器人在无人农业作业试验等农业生产环节中的5G应用创新，发展5G在农产品冷链物流、电商直播等领域应用。加强数字乡村与5G融合应用，提升乡村治理和公共服务信息化水平，利用5G推动教育、文化、医疗等资源向农村延伸，促进农村信息消费。

17. 5G+智慧水利。 推进5G技术与水利行业的深度融合，应用5G、物联网、遥感、边缘计算等新技术，提高水利要素感知水平。结合北斗定位、人工智能等技术,针对水利工程施工场景,研究人工智能施工系统顶层设计和模型算法实现,在5G人机协同应用方面实现突破。

(三)社会民生服务普惠行动

18. 5G+智慧教育。加快5G教学终端设备及AR/VR教学数字内容的研发,结合AR/VR、全息投影等技术实现场景化交互教学,打造沉浸式课堂。推动5G技术对教育专网的支撑,结合具体应用场景,研究制订网络、应用、终端等在线教育关键环节技术规范。加大5G在智慧课堂、全息教学、校园安防、教育管理、学生综合评价等场景的推广,提升教学、管理、科研、服务等各环节的信息化能力。

19. 5G+智慧医疗。开展5G医用机器人、5G急救车、5G医疗接入网关、智能医疗设备等产品的研发。加强5G医疗健康网络基础设施部署,重点优化覆盖全国三甲医院、疾病预防控制中心、便民医疗点、医养结合机构等场所,打造面向院内医疗和远程医疗的5G网络、5G医疗边缘云。丰富5G技术在医疗健康行业的应用场景,重点推广5G在急诊急救、远程诊断、健康管理等场景的应用,加快培育技术先进、性能优越、效果明显的智慧医疗服务新业态。

20. 5G+文化旅游。突破数字内容关键共性技术,推进超高清视频编解码、端云协同渲染、三维重建等关键技术研发,开发适配5G网络的AR/VR沉浸式内容、4K/8K视频等应用。打造AR/VR业务支撑平台和云化内容聚合分发平台,推动与5G结合的社交、演播观影、电子竞技、数字艺术等互动内容产业发展。促进5G和文旅装备、文保装备、冰雪装备的融合创新。推动景区、博物馆等发展线上数字化体验产品,培育云旅游、云直播、云展览、线上演播等新业态，鼓励定制、体验、智能、互动等文化和旅游消费新模式发展，打造沉浸式文化和旅游体验新场景。

21.**5G+智慧城市**。加大超高清视频监控、巡逻机器人、智慧警用终端、智慧应急终端等产品在城市安防、应急管理方面的应用，建设实时精准的安全防控体系。加快智慧表计等产品在市政管理、环境监测等领域部署，探索构建数字孪生城市，提高城市感知能力。围绕信息惠民便民，加快推广基于5G技术的智慧政务服务。以社区、园区、街区等为基本单元加快数字化改造，形成一批5G智慧社区综合解决方案，提供全方位数字化社区生活新服务。推动5G技术在基于数字化、网络化、智能化的新型城市基础设施建设中的创新应用，全面提升城市建设水平和运行效率。

四、提升5G应用支撑能力

（一）5G网络能力强基行动

22.**提升面向公众的5G网络覆盖水平**。加快5G独立组网建设，扩大5G网络城乡覆盖，持续打造5G高质量网络，推动"双千兆"网络协同发展。新建5G网络全面支持IPv6，着力提升5G网络IPv6流量。强化室内场景、地下空间、重点交通枢纽及干线沿线5G网络覆盖，推动5G公网上高铁，提升典型场景网络服务质量。推广利用中低频段拓展农村及偏远地区5G网络覆盖。

23.**加强面向行业的5G网络供给能力**。加快提升端到端网络切片、边缘计算、高精度室内定位等关键技术支撑能力，推进面向行业的自贸区、工业园区、企业厂区、医卫机构等重点区域 5G 覆盖。支持各地结合区域需求,建设 5G 行业虚拟专网,探索建网新模式,形成区域先导效应。

24. 加强 5G 频率资源保障。 继续做好 5G 基站和卫星地球站等无线电台站的干扰协调工作。推动 700 MHz 频段广播电视业务的频率迁移,加快 700 MHz 频段 5G 网络部署,适时发布 5G 毫米波频率规划,探索 5G 毫米波频率使用许可实行招标制度,开展 5G 工业专用频率需求以及其他无线电系统兼容性研究,研究制定适合我国的 5G 工业专用频率使用许可模式和管理规则。

(二)5G 应用生态融通行动

25. 加快跨领域融合创新发展。 支持电信运营、通信设备、垂直行业、信息技术、互联网等企业结合自身优势,开展 5G 融合应用技术创新、集成创新、服务创新和数据应用创新。深化 5G、云计算、大数据、人工智能、区块链等技术融合创新,打好技术"组合拳",不断培育 5G 应用新蓝海。打造一批既懂 5G 又懂行业的应用解决方案供应商,形成 5G 应用解决方案供应商名录,支撑千行百业数字化转型,带动芯片模组规模化发展,促进上下游跨界协同联动。

26. 推动 5G 融合应用政策创新。 鼓励和支持各地结合区域特色和行业优势,开放 5G 应用场景,加快地方特色应用落地。打造协同效应显著、辐射带动能力强、商业模式清晰的 5G 应用创新引领区,探索应用推广新模式,以点带面、纵深推进重点行业规模化应用。

27. 开展 5G 应用创新载体建设。 依托 5G 应用产业方阵,以龙头企业、科研单位为创建主体,建设一批 5G 融合应用创新中心,开展面向应用创新的技术和产业服务。依托行业龙头企业、高等院校、科研院所，加快5G应用孵化器和众创空间等双创载体建设，完善创新载体运营模式。发挥孵化器和众创空间的区域产业聚集优势，结合地方产业特色，推动5G技术和应用解决方案成果转移转化。

28. 强化5G应用共性技术平台支撑。 面向工业制造、交通、医疗等重点领域的关键共性技术需求，依托行业龙头企业、高等院校、科研院所开展5G行业应用关键技术联合攻关，建设重点行业共性技术平台，解决制约行业应用复制推广的技术瓶颈。重点支持建设与5G结合的室外北斗高精度定位、室内5G蜂窝独立定位、人工智能、超高清视频、增强现实/虚拟现实（AR/VR）等共性技术平台，提供跨行业的5G应用基础能力。

专栏3: 5G应用创新生态培育示范工程

培育5G应用解决方案供应商。推动龙头企业发挥技术和市场优势，面向重点行业推出5G应用整体解决方案和集成产品，形成一批创新能力强、带动效应明显的5G应用解决方案领先供应商。引导具备细分场景技术优势和行业知识经验的中小企业，推出与行业需求深度结合的5G应用解决方案和成熟产品，形成一批围绕重点行业细分场景的5G应用解决方案供应商。打造行业龙头标杆。调动重点行业龙头企业积极性，发挥需求导向和资源整合作用，打通5G应用关键环节，打造一批5G应用标杆案例，为5G规模应用提供示范引领。建设5G融合应用创新中心。推动5G应用全产业链协同创新，进行产品工程化攻关，提升科技创新和成果转化效率。持续建设完善5G应用仓库，加强创新要素供需对接和资源共享。提供 5G 应用高端研发服务和生产性服务，支持建设面向重点行业需求的应用测试验证实验室，加快形成 5G 应用技术验证、质量检测等服务能力。创建 5G 应用创新引领区。激发各地创新活力，积极开展应用创新政策试点，优化 5G 应用发展环境，探索 5G 网络建设和应用发展新模式，打造一批 5G 应用创新引领区。统筹推动全国各地 5G 特色化应用，发挥京津冀、长三角、粤港澳等区域的产业集聚效应，加强区域联动，推动建设一批 5G 产业基地。鼓励有条件的地方加大支持力度，形成一批可复制可推广的 5G 应用项目。持续举办"绽放杯"5G 应用征集大赛，及时发布 5G 融合应用优秀案例，加快 5G 应用落地推广。

（三）5G 应用安全提升行动

29. 加强 5G 应用安全风险评估。 构建 5G 应用全生命周期安全管理机制，指导企业将 5G 应用安全风险评估机制纳入 5G 应用研发推广工作流程，同步规划建设运行安全管理和技术措施，并与 5G 应用同步实施。做好 5G 应用及关键信息基础设施监督检查，提升 5G 应用安全水平。

30. 开展 5G 应用安全示范推广。 鼓励各地方和企业打造 5G 应用安全创新示范中心，研发标准化、模块化、可复制、易推广的 5G 应用安全解决方案，开展 5G 网络安全技术应用试点示范和推广应用，推动最佳实践在工业、能源、交通、医疗等重点行业头部企业落地普及。在 5G 应用中推广使用商用密码，做好密码应用安全性评估。

31. 提升 5G 应用安全评测认证能力。 支持与国际接轨的 5G 安全评测机构建设，构建 5G 应用与网络基础设施安全评价体系，开展 5G 应用与基础设施安全评测和能力认证。

32. 强化 5G 应用安全供给支撑服务。 支持 5G 安全科技创新与核心技术转化，鼓励 5G 安全创新企业入驻国家网络安全产业园区。加强 5G 安全服务模式创新，推动 5G 安全技术合作和能力共享，鼓励跨行业、跨领域制定融合应用场景安全服务方案。加强 5G 网络安全威胁信息发现共享与协同处置。

专栏 4：5G 应用安全能力锻造工程

提升 5G 应用安全管理能力。完善 5G 应用安全标准体系，加强标准宣贯。支持有条件的企业和单位加强 5G 应用安全评估检测与认证能力建设，支撑开展 5G 应用安全自评估和第三方评估。增强 5G 应用安全产品和服务供给。推动发展内生安全、零信任安全、动态隔离等关键安全产品，创新开展风险识别、态势感知、安全评测、网络身份信任管理等 5G 应用安全服务，提升基于服务的 5G 应用安全保障能力。推广普及 5G 应用安全解决方案。分场景、分业务形成原子化、细粒度的 5G 应用安全解决方案，支持相关企业打造一批 5G 应用安全创新示范中心，开展安全方案协同研发、展示推广、试验测试、人员培训等工作。支持有条件的地方和产业园区集中开展 5G 应用安全试点示范。多措并举加强 5G 应用安全解决方案推广普及。

到 2023 年底，打造 10-20 个 5G 应用安全创新示范中心，树立 3-5 个区域示范标杆，与 5G 应用发展相适应的安全保障体系基本形成。

五、保障措施

（一）**强化统筹联动**。加强部门协同和部省联动，做好标准、产业、建设、应用、政策等方面有机衔接。相关行业主管部门将 5G 应用作为行业发展规划、行动计划等重点方向，充分利用相关专项资金，持续引导行业企业加大投入力度，加快 5G 行业应用发展。鼓励各级地方政府围绕 5G 应用落地、生态构建、产业培育、网络建设等工作，积极出台并落实政策举措，促进 5G 融合应用加快落地。支持上下游企业深度耦合、紧密衔接，形成高效有机的合作模式。成立 5G 应用推广专家咨询委员会，对应用推广中的战略性、前瞻性问题进行指导和决策支撑。

（二）**优化发展环境**。加大政府采购支出向 5G 应用领域倾斜，率先在城市管理、教育、医疗、文化等公共服务领域推广 5G 应用，加大对 5G 应用样板项目、示范标杆的宣传力度。依托产融合作平台打造"5G+金融"发展生态，以产融合作试点为载体开展 5G 应用场景创新的产融对接活动。完善 5G 应用创新企业服务体系，加大对中小企业扶持力度，鼓励更多市场主体进入 5G 应用创新创业领域。有序引导各类社会资本建立 5G 应用投资基金，加大对 5G 重点行业应用和关键产业环节投资。鼓励支持符合条件的 5G 应用创新企业在科创板、创业板上市融资，拓宽企业融资渠道。坚持包容审慎监管原则，加强协同监管，加快自动驾驶、远程医疗等重点领域 5G 应用相关法律法规研究，探索监管新模式。

（三）**培育人才队伍**。厚植 5G 人才培育基础，支持高等院校、科研院所与企业联合精准培养，鼓励企业与高等院校、科研院所共建实验室、实训基地、专业研究院或交叉研究中心,加强共享型工程实习基地建设。推进5G相关专业升级与数字化改造,实施好5G相关领域"1+X"证书制度试点,开展安全技术技能大赛、组织5G相关职业培训和认证,丰富5G人才挖掘和选拔渠道,培育一批既懂5G通信技术又具备行业专业知识的复合型人才。面向公众开展5G知识科普,提升全民数字技能。

(四)推动国际合作。 支持建设5G应用海外推广渠道和服务平台,推动成熟5G应用走出去。发挥国际组织协调作用,鼓励企业参与5G国际标准化组织的工作。鼓励国内企业加强海外5G应用合作,为"一带一路"沿线等国家或地区提供更为优质产品和服务,打造国际合作新平台。

(五)做好监测评估。 加强政策成效评估和动态调整,建立5G发展监测体系,构建全景化5G网络地图,常态化监测5G应用和产业进展,推动5G全面协同发展。

附件：5G 应用发展主要指标

序号	指标	指标含义	指标值
1	5G 个人用户普及率（%）	5G 个人用户普及率 =5G 移动电话用户数 / 全国人口数。其中，5G 移动电话用户数是指使用 5G 网络的个人用户。	40
2	5G 网络接入流量占比（%）	5G 网络接入流量占移动互联网接入总流量的比例。	50
3	5G 在大型工业企业渗透率（%）	在生产经营等环节中开展 5G 应用的大型工业企业数在我国大型工业企业总数中的占比。	35
4	5G 物联网终端用户数年均增长率（%）	行业企业 5G 物联网终端用户数年均增长率。	200
5	每万人拥有 5G 基站数（个）	全国每一万人平均拥有的 5G 基站数量。	18
6	5G 行业虚拟专网数（个）	利用 5G 公网为行业企业构建的 5G 虚拟网络数目。	3000
7	每重点行业 5G 应用标杆数（个）	每个重点行业遴选的 5G 应用标杆数量。	100

备注：
1. 大型工业企业是国家统计局依据中国有关工业企业规模划分标准所确定的大型规模工业企业。
2. 5G 物联网终端用户数按 SIM 卡统计。

工信部发布 20 个"5G+工业互联网"典型应用场景、10 个重点行业实践

为系统总结发展成效，向更多行业和企业应用"5G+工业互联网"提供具有借鉴意义的模式和经验，工业和信息化部信息通信管理局会同各省（自治区、直辖市）工业和信息化主管部门、通信管理局，经地方推荐、企业报送、专家评审等环节，于 2021 年先后发布两批共 20 个"5G+工业互联网"典型应用场景和 10 个重点行业实践。

2021 年 5 月，第一批"5G+工业互联网"典型应用场景和重点行业实践发布，包含协同研发设计、远程设备操控、设备协同作业、柔性生产制造、现场辅助装配、机器视觉质检、设备故障诊断、厂区智能物流、无人智能巡检、生产现场监测等 10 个典型应用场景，以及电子设备制造业、装备制造业、钢铁行业、采矿行业、电力行业等 5 个重点行业实践。

第一批"5G+工业互联网"典型应用场景和重点行业实践

2021 年 11 月，第二批"5G+工业互联网"典型应用场景和重点行业实践发布，包含生产单元模拟、精准动态作业、生产能效管控、工艺合规校验、生产过程溯源、设备预测维护、厂区智能理货、全域物流监测、虚拟现场服务、企业协同合作等 10 个典型应用场景，以及石化化工行业、建材行业、港口行业、纺织行业、家电行业等 5 个重点行业实践。

第二批"5G+工业互联网"典型应用场景和重点行业实践